职业烟农培育理论与实践

主编 徐宸 周义和
副主编 黄晓东 戴成宗 杨超

西南师范大学出版社
国家一级出版社 全国百佳图书出版单位

图书在版编目（CIP）数据

职业烟农培育理论与实践／徐宸，周义和主编.——
重庆：西南师范大学出版社，2020.5
ISBN 978-7-5621-5800-4

Ⅰ.①职… Ⅱ.①徐… ②周… Ⅲ.①烟农-职业培训-研究 Ⅳ.①F307.12

中国版本图书馆CIP数据核字(2020)第062304号

职业烟农培育理论与实践
ZHIYE YANNONG PEIYU LILUN YU SHIJIAN
徐 宸 周义和 主编

责任编辑：	曾 文
责任校对：	翟腾飞
装帧设计：	◌ 起源
排　　版：	重庆大雅数码印刷有限公司·瞿　勤
出版发行：	西南师范大学出版社
	地址：重庆市北碚区天生路2号
	邮编：400715
经　　销：	全国新华书店
印　　刷：	重庆荟文印务有限公司
幅面尺寸：	158 mm×228 mm
印　　张：	11.25
字　　数：	173千字
版　　次：	2020年5月 第1版
印　　次：	2020年5月 第1次印刷
书　　号：	ISBN 978-7-5621-5800-4
定　　价：	39.00元

编委会

主任委员　　陈江华

副主任委员　刘建利　刘庆岩　王道支

主　　编　　徐　宸　周义和

副 主 编　　黄晓东　戴成宗　杨　超

参编人员　　（按姓氏笔画排列）

王　飞	王　晶	王红锋	王津军	王曦彤	尹朝先
田凤进	刘凤英	刘相甫	江厚龙	杜　军	李　枝
李　瑜	李长华	李华川	李悦朋	杨　彬	肖　鹏
汪代斌	沈　铮	张万如	张宇晓	陈天才	陈少鹏
陈益银	邰迎春	周　振	周　浩	相智华	袁　洪
徐　畅	徐鹏飞	郭保银	唐　勇	黄克久	曹　宁

本书编写得到
"职业烟农分类标准、培育机制及评定办法研究"
(项目编号:3421511)项目资助
在此表示感谢!

序 言

  新型职业农民是以农业为职业、具有相应的专业技能、收入主要来自农业生产经营并达到相当水平的现代农业从业者。培育新型职业农民具有鲜明的示范功能、组织功能和服务功能,既能发挥传导市场信息、运用新型科技的载体作用,还可以把分散的农户组织起来,整合金融、科技、土地等各种要素资源,提高全要素生产率,推动农业农村改革综合效应的形成。

  职业烟农是新型职业农民的重要组成部分,是指在适度规模种植基础上逐步发展形成的新型烟叶生产经营主体,将烟叶作为产业进行经营,以烟叶经营收入为家庭经济主要来源,有文化、懂技术、会经营、善管理、守诚信的农户。培育职业烟农,是烟草行业深度参与乡村振兴战略、着力破解"三农"问题的重要举措,也是自身供给侧结构性改革、实现持续平稳健康发展的必然要求。当前乃至今后一段时期,"去库存、守红线、调结构、促转型"是烟叶发展必须解决的难题。烟农稳,则产业稳。烟叶产业的可持续发展,关键还在于培育一支稳定的烟农队伍。

  基于这样的考虑,中国烟叶公司专门设立"职业烟农分类标准、培育机制及评定办法研究"科研项目,并依托项目承担单位编写了《职业烟农培育理论与实践》一书,对职业烟农培育的理论、做法、进展、经验进行认真梳理和总结。我们希望通过本书,让大家看到:

  职业烟农培育应充分吸收国内外先进的培育经验。职业农民培育,在发达国家经历了数百年的历程,形成了较为成熟的北美模式、西欧模式、东亚模式。我国职业农民起步较晚,但中央一号文件连续16年聚焦

"三农"问题，职业农民培育同样进行了有益的尝试与探索。职业烟农培育，应充分借鉴国内外职业农民培育理论研究、体制机制、发展路径、培育模式、政策支持等方面的经验，结合我国国情社情、烟叶实情、地域差异，集成创新。

职业烟农培育应立足烟叶特色率先引领培育实践。我国烟区分布广阔，涉及22个省（自治区、直辖市）、近500个县，各类地理形态并存、水平不一，全国烟农户均规模12亩，安徽、山东等达到60亩以上。各产区立足自身基础，初步探索了"两个主体""1+X""星级评定"等典型模式。实践证明，职业烟农培育应立足烟叶产业，结合地域差异因地制宜、统筹兼顾、科学探索。既要有统一的宏观规划和政策导向，确定统一的评价体系和指标设置，又要结合地域差异和个性需求，差异分配指标权重和考核分值。这种理念在各地的实践探索和本书的模式总结上有很好的体现。

职业烟农培育要整合资源要素不断激发创新活力。职业烟农培育，既是一项系统性工程，更是一项创新性工程。既要有效地整合土地流转、基础设施、生产投入、银行信贷、种植保险等各类要素资源，又要通过政策引导发挥最大的效益。既要做到分类管理、分类扶持，又要做好过程管控、动态评价，不断激发创新活力。这也是通过本书希望能够达到的目的之一！

习近平总书记在参加2017年"两会"四川代表团审议时指出，要就地培养更多爱农业、懂技术、善经营的新型职业农民。2017年，农业部出台的《"十三五"全国新型职业农民培育发展规划》明确提出，到2020年全国新型职业农民总量超过2000万人。经过10年现代烟草农业的探索，烟叶产业具备率先引领职业烟农培育实践的基础和条件，应主动承担这一重大历史使命。中国烟叶公司已把职业烟农培育作为"十三五"期间烟叶重点工作之一，力争"十三五"期间培育职业烟农30万户，职业烟农种植面积占50%以上，户均种植收入达到10万元以上。我们坚信，只要坚持以习近平新时代中国特色社会主义思想为指导，坚持现代烟草农业发展方向，深入推进烟叶供给侧结构性改革，加快转变烟叶发展方式，狠抓职业烟农培育，就一定能实现烟叶产业的可持续发展。

是为序。

陈江华
2019年11月28日

目 录

第一部分 理论研究

职业农民培育理论、机制与路径………………2
职业农民培育模式、比较及优化 ………………11
职业农民培育标准、评价与实现 ………………22
金砖国家职业农民培育体系、政策与经验 …33

第二部分 产业实践

烟农队伍现状、素质与努力方向 ………………40
职业烟农培育含义、特征与对策 ………………46
职业烟农培育现状、制约与路径 ………………51
职业烟农培育土地流转的困境与出路………60

第三部分 典型案例

打造"两个主体" 开创山地烟区现代烟草农业
建设新局面——职业烟农培育的重庆实践…68

深化队伍建设　促进转型发展——职业烟农培育的安徽皖南实践 ……………………………… 77

推行"1+X"管理　培育职业烟农队伍——职业烟农培育的山东潍坊实践 ……………………… 82

构建评价体系　培育职业烟农队伍——职业烟农培育的湖南湘西实践 ……………………… 90

完善配套措施　促进职业烟农队伍建设——职业烟农培育的贵州正安实践 ………………… 96

加强动态管理　实施分类扶持——职业烟农培育的四川实践 …………………………………… 101

着眼生产因素，深入推进烟叶发展——职业烟农培育的陕西实践 …………………………… 106

推行星级管理，培育职业烟农队伍——职业烟农培育的重庆奉节实践 ……………………… 116

职业烟农典型案例总结分析 ……………………… 124

第四部分　政策法规

农业部关于印发《"十三五"全国新型职业农民培育发展规划》的通知 ………………………… 130

"十三五"全国新型职业农民培育发展规划 … 131

农业农村部办公厅关于做好2018年新型职业农民培育工作的通知 ……………………………… 143

职业烟农培育标准(试行) ……………………… 161

后　记 …………………………………………… 167

参考文献 ………………………………………… 169

第一部分

理论研究

职业农民培育理论、机制与路径

——徐宸、戴成宗

没有农民的现代化,就没有农业的现代化。没有现代农业市场主体——知识化、专业化、职业化的农民,就不可能实现中国传统农业的现代化转型。2012年中央一号文件明确提出要大力培育新型职业农民,党的十八大和2013年中央一号文件都强调,要转变农业经营方式,坚持和完善农村基本经营制度,着力培育新型农业经营主体,构建集约化、专业化、组织化、社会化相结合的新型农业经营体系。这是中央的重大战略决策,也标志着我国农民开始走从身份型向职业型转变的发展道路。

党的十九大报告提出,要培养造就一支懂农业、爱农村、爱农民的"三农"工作队伍,大力开展职业农民培育,让千千万万懂农业、爱农村的职业农民成为乡村振兴的主力军。

一、职业农民的概念、特征与分类

(一)职业农民的概念

长期以来,西方学术界一直以peasantry(传统农民)而不是farmer(职业农民,也翻译成农场主)称呼中国农民。根据美国人类学家沃尔夫的经典定义,传统农民主要追求维持生计,他们是身份有别于市民群体;而职业农民则充分地进入市场,将农业作为产业,并利用一切可能的选择使报酬极大化。沃尔夫对传统农民和职业农民的定义实际上道出了两者的最大差别。传统农民是社会学意义上的身份农民,它强调的是一种等级秩序;而职业农民更类似于经济学意义上的理性人,是农业产业化乃至现代化过程中出现的一种新的职业类型。

具体到我国,对职业农民的定义,目前学术界也未形成统一的观点。殷瑛认为,职业农民是一个至少隐含有必须从事农业生产和经营、必须以获取经济利润为目的、必须作为一种独立职业的3个前提条件的特定概念。赵强社则认为,职业农民是指具有独立性、自主性、开放性和创造性等特点的集经营管理、生产示范、技术服务为一体的新一代农田管理者和经营者。蒋平将新型职业农民定义为,自主选择在农村一、二、三产业充分就业,专业从事具有一定生产规模的农业生产、经营或服务工作,具有较高农业生产技能,其主要收入来源于农业生产且高于当地城镇居民平均收入水平的职业化农民。曾一春进一步指出,新型职业农民应该是具有时代性、阶段性、区域性特征的发展变化的概念。

笔者认为,职业农民可以定义为居住在农村或集镇,具有较高科学文化素质、掌握现代农业生产技能、具备较强经营管理能力,以农业生产、经营或服务作为主要职业,以农业收入作为主要生活来源且收入水平高于当地居民平均水平的职业化农民。

(二)职业农民的特征

职业农民是农业现代化和新农村建设的主力军。职业农民不单单只是有文化、懂技术、会经营,而且具备独立性、自主性、开放性、创造性等特点,能够以其行为对生态、环境、社会和后人承担责任,还要利于耕地保护和农业可持续发展。职业农民将从事农业作为固定乃至终身职业,是真正的农业继承人。职业农民具有以下特征:

(1)独立性。具有独立的社会地位、职业特征和平等的发展机会。

(2)自主性。能够自主选择职业和劳动方式,自主支配劳动对象和劳动成果,自主选择进入市场参与市场竞争的权利。

(3)开放性。既可以是本地人员,也可以是外地农民、城镇居民。

(4)创造性。在追求财富和建设现代农业过程中所体现的创新精神、创业意识、创造性劳动和不断实现的社会价值和自我价值。

(三)职业农民的分类

根据分类标准的不同,职业农民可以分为不同的类别,目前,国内比较普遍的分类分为两种:

1.按照产业类别划分

按照从事农业产业类别,职业农民大体分为三种类型:

一是生产型职业农民。这类职业农民大都掌握一定的农业生产技术,有较丰富的农业生产经验,直接从事园艺、鲜活食品、经济作物、创汇农业等附加值较高的农业生产种植。主要包括农民专业合作社社员以及在农场、基地、农业企业被雇佣的"农业工人",如农艺工、蔬菜园艺工、淡水养殖工、花卉园艺工、家禽繁殖工、家禽饲养工、制种工、果树育苗工、农药生产工、饲料生产工、蔬菜加工工等。

二是服务型职业农民。这类职业农民是指掌握一定农业服务技能,并服务于农业产前、产中和产后的群体。主要包括为农业生产提供服务的专业人员等,如农产品经纪人、农资营销员、农作物植保员、动物防疫员、沼气生产工、农机驾驶员、农机修理工等。

三是经营型职业农民。这类职业农民有资金或技术,掌握农业生产技术,有较强的农业生产经营管理经验,主要从事农业生产的经营管理工作。主要包括农民合作经济组织、各类农协负责人,以及规模种养大户、农场主、基地带头人、农业企业经理等。

2.按照组织主体划分

按照生产服务组织主体,职业农民大体分为五种类型:一是生产经营型,主要包括种养农机大户、农村经纪人等;二是专业技能型,主要包括在农民合作社、家庭农场和农业企业等新型生产经营主体中较为稳定从事农业劳动作业,具有一定专业技能的农业产业工人、雇员等;三是农业产业化组织,主要包括农民专业合作社负责人、农业社会化服务组织带头人、农村农业企业负责人和家庭农场主等;四是社会服务型,主要包括植保员、动物防疫员和信息员等农业技术服务人员;五是新生代型,主要包括农业院校大中专毕业生、返乡青年农民工和复转军人等。

二、职业农民的发展内涵与现实意义

(一)职业农民的发展内涵

职业农民在中国的发展,是一个不断动态演进的过程,可以从专业分工、农民分化、技术变革三个层面剖析其发展内涵。

1.社会分工基础上的专业生产

中国传统的农村社会是一个封闭自足的体系,农民的生产与生活方式都是与这种封闭性相适应的,以自给自足为主要特征,尽管部分地参与市场交换,但生产和消费没有截然分离。但随着社会分工的扩大和农业生产的专业化,农民已不再是与外部市场相隔离的集生产与消费于一身的统一体,在生产及经营过程中,他们受自身素质与能力的限制而逐渐产生出对外部市场与服务的依赖,生产的专业化与社会化趋势越来越明显。因此,职业农民的发展方向应当是以市场为导向,为满足市场需要而从事专业化农业经营活动的市场主体,其直接目的是追求自身经济利益的最大化。

2.农民分化基础上的职业选择

长期以来,我国的"二元经济结构"将社会分为城市和农村两大部分,形成市民和农民两大群体。在地域上,农民居住于农村,缺乏公共基础设施;在身份上,他们属于"农业家庭户口",所享受的社会福利保障和城市市民完全不同;在生产上,他们是自给自足的农业生产者,在满足需要的前提下部分地与市场发生关系,购买生产资料、生活资料,出售农产品;社会关系上,他们具有独特的行为逻辑,是一个互识的群体,具有极大的内部稳定性等。当前,我国农民群体已经发生了结构性的分化,由单一的农民逐渐分化为农业生产者、经营者,非农产业的生产者、经营者和城市市民。职业农民即是建立在这种基础上,对城市与农村、农业与其他行业进行自主选择,为满足社会需要和自身发展需求而进行专业生产的农业劳动者。

3.技术变革基础上的素质提升

现代农业的发展具有六大特征:农业技术的先导性、农业要素的集约性、农业功能的多元性、农业产业经营的一体性、农业效益的综合性和农业发展的可持续性。这六大特征均要求农民要突破传统经营模式的限制,掌握新的技术与能力。首先,农业技术的先导性、农业要素的集约性对农民的素质提出了更高的要求。其次,农业功能的多元性和农业发展的可持续性要求农民树立现代农业发展理念,能够经营好、发展好农业,促使其多功能性及可持续性的发挥。再次,农业经营的一体性和效益的综合性要求农民具备较高的经营服务能力,从事农业经营的农民应具备较高的经营管理能力与市场经济意识,能够应对各种风险挑战。同时,还要求部分农民在与农业相关的二、三产业从事农业经营或服务工作,为现代农业的发展提供完善的社会化服务。

(二)职业农民的发展意义

(1)培育职业农民,是确保国家粮食安全和重要农产品有效供给的迫切需要。解决14亿人的吃饭问题,始终是治国安邦的头等大事。2004—2015年,我国粮食生产实现历史性的"十二连增",但主要农产品供求仍处于"总量基本平衡、结构性紧缺"的状况。随着人口总量增加、城镇人口比重上升、居民消费水平提高、农产品工业用途拓展,我国农产品需求呈刚性增长。习近平总书记强调,中国人的饭碗要牢牢端在自己手里,就要提高我国的农业综合生产能力,让十几亿中国人吃饱吃好、吃得安全放心,最根本的还得依靠农民,特别是要依靠高素质的职业农民。只有加快培养职业农民,调动其生产积极性,农民队伍的整体素质才能得到提升,农业问题才能得到很好解决,粮食安全才能得到有效保障。

(2)培育职业农民,是推进产业结构转型和现代农业转型升级的迫切需要。当前,我国正处于改造传统农业、发展现代农业的关键时期。农业生产经营方式正从单一农户、种养为主、手工劳动为主,向主体多元、领域拓宽、广泛采用农业机械和现代科技转变,现代农业已发展成为一、二、三产业高度融合的产业体系。但当前我国支撑现代农业发展的人才青黄不接,农民科技文化水平不高,许多农民不会运用先进的农业技术和生产工具,接受新技术新知识的能力不强。只有培养一大批具有较强市场意识,懂经营、会管理、有技术的职业农民,产业结构转型和现代农业才能顺利实现。

(3)培育职业农民,是构建新型农业经营体系和彻底解决"三农"问题的迫切需要。农业、农村、农民问题，是我国的发展的重中之重。改革开放以来，我国农村劳动力数量不断减少，农民素质呈现结构性下降，以妇女和中老年为主，小学及以下文化程度比重超过50%。绝大多数新生代农民工不愿意回乡务农。今后"谁来种地"成为一个重大而紧迫的课题。要实现农业发展"后继有人"，关键是要构建新型农业经营体系，把职业农民培养作为战略性、根本性大事来抓，发展专业大户、家庭农场、农民合作社、龙头企业和农业社会化服务组织等新型农业经营主体，通过技术培训、政策扶持等，留住、吸引更多的青壮年农民从事农业，不断增强农业农村发展活力。

三、职业农民的基础、机制与路径

（一）职业农民培育的现状

近年来，政策上，中央高度重视职业农民培育工作。历次一号文件、国家科技发展纲要、教育发展纲要和人才纲要都把农民教育培训作为重要内容，对重大教育培训计划实施提出明确要求。农业部、财政部、教育部、发改委等部门围绕重大计划实施，建立了农民教育培训有关项目的工作协调小组，形成了齐抓共管的工作局面。资金上，仅2018年，中央财政就安排补助资金20亿元，根据乡村振兴对不同层次人才的需求，分层分类培育新型职业农民100万人以上。此外，教育部门、劳动部门、科技部门、扶贫部门也通过相应计划渠道，安排了大量农民教育培训经费，有力支撑了各地农民教育培训工作的开展。认证上，2012年8月，农业部启动了新型职业农民培育试点工作。目前，已有88个县建立了新型职业农民教育培训制度，73个县制定了认定管理办法，61个县明确了扶持政策，初步形成了以农业广播电视学校、农业职业院校和农业技术推广体系为主要依托，广泛吸收高等院校、科研院所、龙头企业和民间组织参加，从中央到地方相互衔接的农民教育培训体系。

目前，我国的种养大户、农民专业合作社、家庭农场和涉农企业等新型职业农民在总量上已初具规模，涌现了大量的生产型能手、产业化经营带头人与技能服务型带头人。截至2018年2月底，全国共有依法登记的农民专业合作社204.4万家,实有入社农户11759万户,约占全国农户总数的48.1%;共有超过87.7万户的各类家庭农场,经营耕地面积达到1.76亿亩,占全国承包耕地总面积的13.4%;共有种粮大户68.2万户,粮食生产合作社5.59万个,由种粮大户与粮食合作社生产的粮食产量占总量的1/5。

(二)职业农民培育的机制

职业农民的培育,需要构建完整的制度保障体系,即需要通过建立激励机制鼓励传统农民经营农业,建立促进机制为新型职业农民的经营创造前提,建立保障机制实现农业经营与新型职业农民的可持续发展。

1. 激励机制

培育职业农民是解决农业"无人种田"问题的途径之一,要通过相应的激励机制吸引更多人加入职业农民的队伍。一方面要吸引受过教育的本地青年返乡,另一方面要实现对农村现有农民的改造,对农村中取得较好经营效益的村民、村民经济组织给予鼓励,在农村形成示范、带动效应。对于接受相关培训教育,具备相应能力的农民应该给予政策上的照顾,以激励更多的农民参与到职业农民培训中来。对为农民提供培训业务的农业专业合作社、农民学校给予优惠补助,鼓励社会资源参与新型职业农民培育。

2. 促进机制

职业农民的培育是一个过程,除了建立良好的激励措施外还需要相应的促进措施促使新型职业农民群体的形成。创新农村土地的流转机制是职业农民经营创造的前提,可以在遵循自愿原则的前提下,采用土地入股、土地流转等方式促使土地向职业农民流转,对于承包土地的新型职业农民应提供一定的承包补贴,农技服务部门应当提供持续的技术支持。职业农民经营规模的扩大、农业装备设施的升级需要相应的资金支持,因此相关部门应为职业农民提供相应的金融服务。

3. 保障机制

农业人口流失的很大一部分原因是农业比较收益的下降,职业农民能否持续从事农业经营的关键在于能否获益。因此,要提升农产品的价格,使其回归到合理水平之上。改善农业生产的外部环境,通过农业社会化服务体系的完善,为农业的持续发展提供资金、技术、信息方面的支持。提高农村公共服务标准,逐步缩小城乡差距,实现城乡一体化发展。

(三)职业农民培育的路径

培育职业农民将伴随我们农业现代化发展的全过程,是一项长期的、艰巨的基础性战略任务。要系统谋划、有序推进,特别要尽快进行顶层设计,探索制度安排和政策跟进的有效途径。

1.强化政策扶持,在增大农业农村创业兴业吸引力上取得新突破

积极推进建立完善创业兴业、风险支持、信息服务、劳动保障等内容的综合扶持政策体系。鼓励职业农民承担农业项目,并在信贷发放、土地使用、税费减免、技术服务等方面给予优惠。新增农业补贴向种养大户、农民专业合作组织和社会化服务组织带头人等新型职业农民倾斜。稳定现有职业农民队伍,同时吸引现有农民学农务农,鼓励大中专毕业生到农业生产一线就业创业,不断壮大职业农民队伍。

2.完善农民教育培训体系,在为农民提供长效性教育培训服务上取得新突破

加大资金投入,将农民教育培训经费纳入财政预算,提高农业院校、农民教育培训机构人均经费标准,大幅度提高农民教育培训的财政投入。加大农民培训专项力度,扩大项目规模、提高补贴标准。加强职业农民教育培训基础设施建设,尤其是加强县—乡—村三级农民教育培训体系建设,保证教学有设备、下乡有工具、学习有场所、实习有基地。加强农民现代远程教育设施建设,加快推进农民教育信息化步伐,构建农民终身教育公共服务平台。

3.加大职业农民培育政策倾斜,在解决农民半农半读、享受国家助学和免学费政策上取得新突破

要加快解决农民免费接受中等职业教育问题,尤其是对种田农民接受非全日制中等职业教育、享受国家助学和免学费政策,鼓励他们以半农半读形式,在家门口就地就近接受职业教育。积极推进农业高等教育向农村延伸,深化招生制度改革,对农业大户和农业大户子女免试推荐入学,定向招生、定向培养。

4. 不断深化教育教学改革,在创新人才培养模式下提高人才培养质量上取得新突破

农业高校要打破以学科研究型为主的单一人才培养模式,要把培养新型职业农民纳入人才培养目标体系;要围绕农业生产实际,完善专业体系,优化课程结构,强化学生动手能力和综合知识运用能力。农业职业院校、农民教育培训专业机构要以农业产业需求为导向,不断推进"送教下乡""工学结合""半农半读"人才培养模式改革,完善行业、企业全程参与专业建设和人才培养的新机制,直接面向农业农村生产一线培养新型职业农民。

5. 探索建立农业资格准入制度,在实现规模化经营领域持证经营上取得新突破

按照国家发展农业产业化要求,带动农户发展专业化、标准化、规模化、集约化生产,率先在适度规模化生产经营领域,研究制定农业职业资格准入制度,确保宝贵的农业资源由高素质农民经营。以此为切入点,逐步健全农业职业资格证书制度。要研究实行新型绿色证书制度,使目前的"绿色证书"由技术认证恢复原本应有的职业认证属性。

6. 加快推进农民教育培训立法,在依法保障农民教育培训权益上取得新突破

借鉴部分地区出台农民教育培训条例的经验和做法,认真研究农民教育立法问题,制定专门、系统的农民教育培训法规以及相关配套制度,建立健全农民教育法律法规和制度体系,以法律形式对农民教育的组织管理、经费投入、教育机构、农民接受教育培训的权利和义务等加以规范,为农民教育培训事业较快发展提供有力保障。

2018年12月

职业农民培育模式、比较及优化
—— 黄晓东、戴成宗

一、国外新型职业农民的培育模式

发达国家农业发展速度较快,科技水平较高,职业农民培育走过了很长的历史进程,具备了较为成熟、各具特点的培育模式。从学界的归纳来看,主要有三种模式。

(一)北美模式

美国最具代表性。得天独厚的自然条件使美国发展农业拥有了最基础的条件,但最重要的还是要归功于政府对农业科技的重视,虽然工业加速发展,农业在美国经济中所占比重逐渐减少,但政府对农业采取支持与保护政策,美国农业依旧保持强大的国际竞争力。

1. 完善的法律法规制度

早在1862年,美国就制定了宅地法,奠定了美国家庭农场发展的基础,现如今美国大概有7万多个"公司农场"。1862年以来,美国国会先后通过《莫雷尔法》、《哈奇法》、第二个《莫雷尔法》、《史密斯·利费法》等一系列的法律法规,不仅为美国农业教育发展奠定了基础,还不断建立和完善了美国农业科教体系。

2. 完备的职业农民培育模式

基于农业机械化水平较高和规模经营的优势,美国构建了融科研、教育和推广"三位一体"的职业农民培育模式,并因地制宜实施分类指导、分类培育。对成年农民,主要实行"夜校培训模式",使职业农民在农闲时期能够接受技术培训;对青年学生和准备务农的青壮年农民,实行SOE、FFA、SAE和课堂指导4种模式。

(1)SOE模式(Supplementary Occupation Experience)。即辅助职业经验培训模式,授课者多为某一领域的专家学者,主要为青年学生和青壮年农民讲授农业生产管理和投融资等方面的知识与技巧。

(2)FFA模式(Future Farmers in American)。即未来农民培育培训模式,以培养职业农民的创业能力、领导能力及团队合作能力为目标,帮助职业农民建立自信,不断拓宽农业领域的就业渠道。

(3)SAE模式(Supplementary Agricultural Experience)。即辅助农业经验培训模式,由农业专家帮助职业农民将通过培训获取的农业生产、经营技能具体应用到自家农场或当地社区(企业)。

(4)课堂指导模式。农村地区开办的综合高中均开设了与当地农业发展实际相符合的农业课程。

除美国外,加拿大也在职业农民培育上取得了突出成就。加拿大职业农民具有较高的社会福利待遇,职业农民享有与其他领域从业人员一样的医疗、失业、养老等社会保障。职业农民培养被纳入国家或省职业技术教育体系,费用全部由政府承担。此外,农场协会模式(Farm Association)、社区支持农业模式(Community Supported Agriculture)等也在职业农民培育方面发挥了巨大作用,使农业生产经营实现了与市场的有效对接。

(二)西欧模式

西欧模式主要体现在法、英、德三国。

1.法国培育模式

法国政府高度重视农民培训工作,1960年,法国颁布了《农业教育指导法案》,建立农业教育培训体系,农业部在全国建立了一批农业研究机构和农业学校,从事农业人才的培养。法国政府还确立了公立私立共同办农业教育的体系,逐步实现了农业教育的系统化和规范化。此外,法国还把职业农民培训与证书制度有机结合起来。法国政府设立了一系列农业培训证书,主要以职业资格证为主,如农业职业教育证书、农业专业证书、农业技术员证书、高级技术员证书。这种做法既满足了农民的培训需求,又提高了农业技术人员的科技文化素质。

培育模式上,法国职业农民教育由中等农业教育、高等农业教育和农民职业培训3个部分组成。

(1)中等农业教育。以培养能够独立操作的农业经营者或农业技术工人为目标,主要负责培养具有独立经营能力的农业经营者或具有某项专门技术的农业工人。

(2)高等农业教育。由两年制的高等农业技术教育、4~5年制的农业工程师教育和6~8年制的研究生教育构成。

(3)农民职业培训。面向全体法国农民,分为短期培训和长期培训两种类型,其中,20~120小时的培训为短期培训,120小时及以上的培训为长期培训。短期培训的目的主要是帮助职业农民丰富或更新农业生产经营知识,长期培训主要面向那些没有接受过农业教育的准农民,帮助其获取农业经营资格。同时,对已经获得农业经营资格的职业农民,长期培训也肩负着提高其专业技术能力和经营管理水平的职责。无论是短期培训还是长期培训,培训内容均围绕职业农民的实际需求确定,培训形式不限,讲求实效,且具有一定的超前性。

2.英国培育模式

在英国,职业农民技术培训由单独的农业培训网络实施,高等学校及各级农业科研(咨询)机构为辅助机构,形成了高、中、初三个教育层次相互衔接,毕业证、学位证和技术证相互衔接,正规教育与短期培训相互补充,分工明确且层次分明的职业农民培训网络。

3.德国培育模式

在德国,职业农民培育主要实行了农业实践教学和理论教学相结合的"双轨制"模式。该国法律规定,职业农民在上岗前必须接受为期3年的正规农业职业教育,并在农场经过3年的学徒期后才能正式上岗。德国"双轨制"模式有效地保证了职业农民具备一定的现代农业技术操作能力和市场经营管理能力,确保职业农民在生产经营过程中,能够及时了解和自行解决生产和经营中遇到的现实困难和实际问题。

（三）东亚模式

东亚地区人均耕地面积较少,农业很难形成较大经营规模。基于该特点形成的东亚模式,体现了政府主导、立法保障、体系完备等优势,培训内容体现了多方向和多目标,培训主体体现了多层次和多类型。典型代表国家有日本、韩国等。

1.日本培育模式

日本构建了由国家统筹规划、各部门分工协作的农民教育培训体系。该体系中,教育系统是农民教育培训的主体,农业及相关部门是指导与协作部门,农业改良普及事业系统以及农协是不可或缺的配合部门。按照教育培训组织者的不同,日本的农民教育培训体系(如图1-1)主要包括以下4个方面。

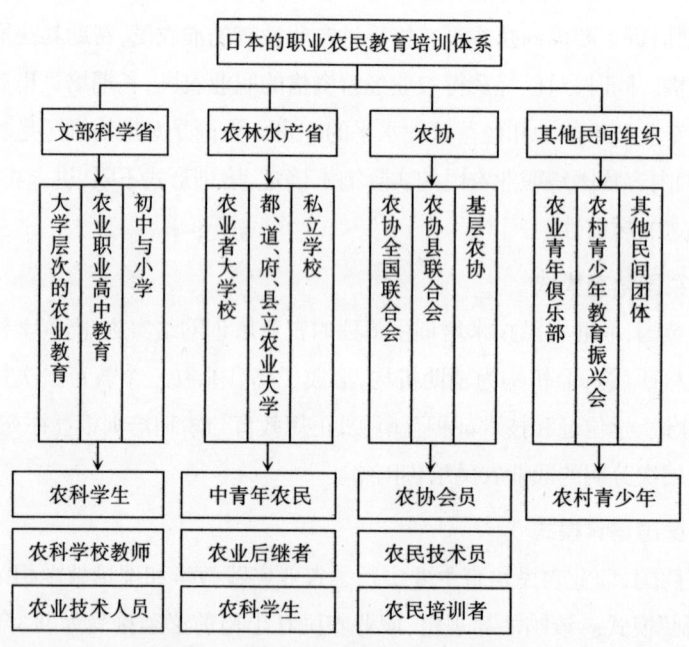

图1-1 日本的职业农民教育培训体系

（1）文部科学省的农业教育。文部科学省作为日本国内负责教育管理的政府部门,其农业教育涵盖了从初等教育(小学)到前期教育(初中)再到后期教育(中、高等教育),但重点是中等教育和高等教育。文部省所举办的农业后期教育就是农业高中和大学农业教育。农业高中是一种职业高中教育,办学目标是培养自营农业者和农业关联产业技术人员,青年农民主要是从这里得到培养。大学农业教育包含3种形式:一是日本高等农业教育的最主要形式——大学中正规的农业专业教育,也即综合性大学中的农学学部、生物资源学部、园艺学学部等专业高等教育;二是在为数不多的农科类大学中开展的专业高等农业教育,目前日本该类院校总共7所,所以此部分在日本高等农业教育中所占比例较小;三是在短期大学开展的涉农学科,目前共有23所高校开展了此类学科,所以该部分在日本后期农业教育中也发挥了重要的作用。

(2)农林水产省的农业教育。除了文部科学省系统的正规农业教育,农林水产省和各县所管辖的农业大学校举办了各类农业非学历教育,很好地补充了农业学历教育的不足。农林水产省系统开办的非学历农业教育主要通过以下部门完成:农林水产省农业者大学校(全国仅此1所),各都、道、府、县设立的农业大学校(共47所),私立学校(3所)。这些学校主要以高中毕业生为培养对象,其中农林水产省农业者大学校要求培养对象还要曾经从事1年以上农业实际工作;另外,还有3所学校(2所县立学校、1所私立学校)的培养对象为初中毕业生。所有这些学校主要为初次从事农业劳动和农业经营者讲授必要的农业技术和经营知识,并进行实践性质的培训和进修教育。

(3)农协及其在农民教育中发挥的作用。日本农民培育的主要特色是以农协为主导。农协是集农业、农村、农户3类组织为一体的综合社区组织,既是一个政治组织,又是农业经营组织,同时也是一个政治施压团体,发挥着连接农户与市场、农户与政府的作用。日本农协业务广泛,不仅包括销售、购买、信贷等,涉及农业生产和农民生活的方方面面,而且还为农民提供健康、理财、教育及高龄老人看护等生活指导,与日本农民的生活密不可分。日本农协,尤其是综合性农协,不单纯是把农民组织起来,更注重探寻和针对不同农户的利益共同点,有针对性地开展农民培训,从而提高地方农业技术和生产水平,以及居民的生活水平。

（4）其他民间机构开展的农业教育。20世纪60年代初开始，日本建立了国内研修制度。自此，全国农村青少年教育振兴会在农民职业教育中占据一席之地。振兴会组织具有"指导农业士"资格且有意愿参与农业职业教育的先进农户和农业企业，接收那些参加培训的务农青年进行实践和学习，并组织落实政府为他们制定的专项经费补贴。参与的学员必须是30岁以下正在务农的青年农民，或是即将务农的青年农民。经过3~6个月的学习，他们会在朝夕相处及农业实践中，共同学习和掌握先进的农业生产、加工、流通等技术和经验。除了全国农村青少年教育振兴会这个社团法人以外，农业青年俱乐部作为日本农村青年的群众性组织，也在青年农民职业教育中发挥着较为重要的作用。与中国一样，日本农村青年不愿留在农村从事农业，也存在着外流现象。从而，农业青年俱乐部的数量也在递减。农村青年俱乐部除组织青年农民进行与生产、生活有关的研究学习以外，还组织大家进行各种文化交流。日本政府会对优秀俱乐部给予表彰和奖励，旨在提高农业青年俱乐部在农业生产技术方面自主学习的积极性。

2. 韩国培育模式

韩国从"新村建设运动"开始，逐步认识到确保农业发展后继有人的重要性，确立了由国家统筹规划、政府农业部门和其他相关部门分工协作的职业农民培育体系。培训主体以农业技术推广指导机构和民间团体为主，逐步形成了多元化发展态势。目前，韩国职业农民培育体系主要有4H教育、农渔民后继者教育和专业农民教育三个层次，分别由不同的培训主体实施。4H教育的目标是使农民具有聪明的头脑（Head）、健康的心理（Heart）、健康的身体（Health）和较强的动手能力（Hand），农渔民后继者教育则主要面向准农民实施，专业农民教育则着力提高现有职业农民的生产经营和市场营销能力。

二、我国职业农民的培育模式

我国职业农民是经过逐步发展而形成的概念。改革开放以来，从培训技术骨干、专业农民，到培养新型农民，再到培育新型职业农民，其内涵一脉相承、与时俱进。随着新农村建设的推进和现代农业的发展,我国职业农民培育工作日益成为社会各界关注的热点。综合理论研究和各地实践,总体可归纳为5种模式。

(一)政府工程模式

为推进新型职业农民培育工作,部分地方政府将其纳入工程管理。江西省从2012年起,将原有的"阳光工程"全面转型,实现了"由农民外出务工就业向就地就近就业转移培训的转变,由服务城镇二、三产业向服务农业经济和农村社会管理的转变",使"阳光工程"成为培养新型职业农民的重要模式。云南省依托"阳光工程"和"送教下乡"等载体,紧密结合各地农业生产特点和农民实际需求,组织科技人员深入基层、进村入点,实施了"田间课堂"模式。福建省在组织实施的"阳光工程""雨露计划"和农村实用技术远程培训等工程的基础上,实施了"万名新型职业农民素质提升工程"等培育模式。

(二)院校培育模式

农业院校是培育职业农民的主要力量。近年来,福建省依托省内5所涉农大专院校,实施了新型职业农民培育"大专班"模式,来自全省各地的2000名农民分专业在各学校里接受系统的学历教育与培训。云南省结合国家提出的中职学校涉农专业学生免收学费政策和半农半读、"送教下乡"等培育模式,组合成新的"新型职业农民培育与普通中专全日制教学相结合的模式"。浙江省嘉兴市自2009年起,创造性地构建了"政府买单,市县联动,量身定做,联合培养"新型职业农民培育机制,嘉兴职业技术学院与市农经局联合开展了"农民大学生"培养的实践探索,得到广大农民的热情支持,取得了较好的效果。

(三)远程教育模式

各地在培育新型职业农民的具体实践中,综合运用远程教育模式,也取得了较好效果。陕西省安康市利用信息网络平台,有效地提高了农业生产经营、市场信息流通等农业科技信息服务水平,建立起网络交流研讨、在线咨询、信息共享的"网络平台培育模式"。陕西省千阳县建立了农、科、教一体的多渠道传输技术,根据各地自然和经济条件的现状,采用多种媒体开展新型职业农业培育工作,构建起"媒体传播培育模式"。云南省探索并实践了以多媒体资源开发技术为抓手的"空中课堂"模式,充分利用广播、电视、互联网等传媒,开展形式多样、内容丰富的培训。目前,该省已建立了407个远程教育站点,为农民网上学习提供多种便利条件。

(四)合作组织模式

为充分发挥合作组织在新型职业农民培育中的作用,山东省武城县充分借助农民专业合作社、产业协会、农资门市部等平台,利用其经常与农民打交道、了解农民的培训需求等优势,形成了有效的依托合作组织模式;陕西省安康市充分发挥农民专业合作社、行业协会和村级集体经济组织的作用,围绕"联合协作、扶弱帮困、提供服务、领跑带动"的目标,大力支持和积极鼓励社会各界兴办农业服务实体,有效促进了新型职业农民培育工作;湖南省充分发挥农业职业学校的优势,依托大户组建实训基地,构建了培育农民专业合作组织负责人带动社员等农民教育培训模式,也取得了良好成效。

(五)推广服务模式

河北省石家庄市农广校结合农业技术推广工作,在各县区加强了培训基地建设,探索了"推广服务模式"。浙江省金华市积极探索培育新型农民的有效途径,提出了"1+1"新型农民培育模式,实现院乡"1+1"和教师与农户"1+1"结对,鼓励当地职业技术院校创办农业科技示范园,把学校内现有的专业人才直接、有效地输送到基层,实现了专业技术人员与农户"一对一"的服务,有效地推动了新型职业农民的培育进程。陕西省安康市通过组建科技服务队,带技术、带项目、带信息,与农村合作经营组织、农业产业化组织结对,帮助职业农民发展现代农业,推动新型职业农民培育工作。

三、我国职业农民培育模式的优化路径

与北美、西欧和东亚三大模式比较不难发现,我国新型职业农民培育模

式是零乱的、微小的,不仅层次较低,而且不够系统和完善,需采取一系列措施,逐步进行整合与优化。

(一)优化资源整合,建立层次分明、结构合理的教育培训体系

北美、西欧和东亚发达国家已形成了"以政府为主导、以农业院校为主体、以社会培训机构为补充"的职业农民培育体制,实现了行政、教学、科研、推广"四位一体"。国家负责制订农民培育规划,政府农业主管部门负责统一协调,其他部门密切配合,实现了未来农民的学校教育、有志从事农业的青壮年职前培训、在岗农民的继续教育等多种形式的有效衔接,构建起职业农民的终身教育体系。而我国职业农民培育由农业、社保、教育、科技等部门分头管理,缺乏统一的协调机制,难以进行统筹规划,教育资源浪费严重。因此,应加快改革职业农民培育管理体制和实施机制,构建"政府宏观指导、农业部门具体负责、其他部门协力配合、社会培训机构积极参与"的职业农民培育管理模式,形成层次分明、结构合理、布局科学、开放有序的农民教育体系。

(二)优化投入方式,建立政府引导、多元参与的投入保障体系

建立规范化的职业农民投入保障体系是发达国家农民培育模式的一大特色。北美、西欧和东亚发达国家均通过建立公开化的投资机制,用法规、制度规范了各级政府的投资行为以及各培育机构的资金使用行为,使资金投入和使用公开、透明。而我国职业农民培育经费来源以"政府买单"形式为主,渠道单一,社会力量鲜有参与,培训经费有限,基础设施落后,培训教师匮乏,严重影响了职业农民培训的数量和质量。因此,各级政府应将职业农民培育经费列入财政预算,设立专项培育资金,建立起由政府引导,学校、企业、民间组织和个人共同参与的多元化投资体系,并为职业农民创业提供一定的资金补贴。同时,应制定激励政策,鼓励企业、行业参与职业农民创业项目,进一步拓宽融资渠道。

(三)拓展培育主体,建立政府主体、多方协调的培育主体队伍

培育主体多元化,是北美、西欧和东亚发达国家职业农民培育共同积累的成功经验。培育主体包括各级农技培训服务中心、农业院校、企业与民间培训服务机构、行业协会及农村经济合作组织、农业远程教育网等,培训者可分为专职与兼职两类。而我国职业农民培育主要依靠农业部门主办的"农业远程培训工程""建设农民科技教育培训体系""百万中专生计划""跨世纪青年农民培训工程""新型农民创业培植工程"等政府工程。因此,在坚持政府主体的前提下,要广泛吸收高等院校、科研院所、市场企业、民间组织加入职业农民培育队伍,逐步建立政府主导、农科教统一协调的培训机制,实现培育主体的多元化。

(四)创新培育形式,建立内容丰富、因地制宜的培训课程体系

随着经济社会的不断发展,北美、西欧和东亚发达国家职业农民培育形式日趋多样化,既有各类型、各层次的中等农业教育和高等农业教育,也有各类型的短期、长期培训和面向全社会的农业推广教育体系。同时,高度重视理论和实践的结合,注重提高实际操作能力。而我国仍然存在培训针对性和时效性不强、适用性和灵活性较差、重理论轻操作等问题。因此,时间安排上,要科学利用农闲时间和农忙时间,实行长短期结合、脱产和半脱产结合、现场指导与集中学习培育相结合的培育方式。培训内容上,根据不同地区、不同类型新型职业农民的实际需要,从传统技术到现代技术,从产中向产前、产后不断拓展,从单纯的农业实用技术培训转向职业农民素质的整体提升,提高职业农民的积极性和主动性。

(五)加强法律保障,建立系统完备、有效执行的培育法律体系

立法贯穿于北美、西欧和东亚三大模式发展与形成的整个过程,贯穿于职业农民培育的始终。目前,我国尚未颁布一部专门规定和约束职业农民

教育与培训的法律。现有的《中华人民共和国农业法》《中华人民共和国劳动法》《中华人民共和国义务教育法》等法律法规虽提及了农民教育与培训工作,但缺乏规范的、有针对性的条款,在实践中难以体现应有的法律效果。农民培育相关立法的长期缺位导致我国新型职业农民培育工作无法可依、无章可循。鉴于此,我国应借鉴世界发达国家经验,尽快构建系统完备的新型职业农民培育法律体系。同时,应进一步加大执法力度,使国家相关法律、规章制度落到实处,为新型职业农民培育工作提供基础保障。

2018年10月

职业农民培育标准、评价与实现[①]

——戴成宗、杨超

一、我国职业农民培育的理论标准

职业农民理论标准的确定,有助于明确新型职业农民培育的具体目标,进而构建培育标准。分析近年来国家及政府相关部门出台的有关职业农民培育的政策性文件,以及近期学界相关研究成果,可知职业农民培育的理论标准正在逐步深化,并日趋完善。

(一)政策层面

1.国家层面

2007年"中央一号文件"提出:"建设现代农业,最终要靠有文化、懂技术、会经营的新型农民。必须发挥农村的人力资源优势,大幅度增加人力资源开发投入,全面提高农村劳动者素质,为推进新农村建设提供强大的人才智力支持。"可见,该年度"一号文件"提出"新型农民"概念的核心是提升素质,集中表现在建设现代农业、有文化、懂技术、会经营4个方面。

2012年"中央一号文件"提出,"大力培育新型职业农民",强调"加强教育科技培训,全面造就新型农业农村人才队伍""振兴发展农业教育""加快培养农业科技人才""大力培训农村实用人才"。要求"以提高科技素质、职业技能、经营能力为核心,大规模开展农村实用人才培训。充分发挥各部门各行业作用,加大各类农村人才培养计划实施力度,扩大培训规模,提高补助标准"。

[①] 本文部分引用了刘燕、王伟哲、高玉峰《基于KSAIBs的新型职业农民培育标准研究》[河北科技师范学院学报(社会科学版),2015年06月,第14卷第2期]的研究成果,在此表示感谢!

2013年"中央一号文件"提出,"大力培育新型农民和农村实用人才,着力加强农业职业教育和职业培训"。强调"提升食品安全水平"。可见,该年度"一号文件"强调了职业道德,注重农产品安全等方面的要求。

2014年"中央一号文件"再次强化了"新型职业农民"的概念,指出"加大对新型职业农民和新型农业经营主体领办人的教育培训力度","紧密结合市场需求,加强农村职业教育和技能培训",要求"新型职业农民应增强市场意识,加大生态保护,重视环保、防治污染"等。可见,该年度"一号文件"强调了市场意识、生产环保等方面的要求。

2016年"中央一号文件"明确提出"加快培育新型职业农民,将职业农民培育纳入国家教育培训发展规划,基本形成职业农民教育培训体系",并提出"引导有志投身现代农业建设的农村青年、返乡农民工、农技推广人员、农村大中专毕业生和退役军人等加入职业农民队伍"。可见,该年度"一号文件"对职业农民的来源及教育体系进行了全方位构建。

2. 部门层面

2005年,农业部在《关于实施农村实用人才培养"百万中专生计划"的意见》中首次提出"职业农民"的概念,确认职业农民的培养对象为"农村劳动力中具有初中(或相当于初中)及以上文化程度,从事农业生产、经营、服务以及农村经济社会发展等领域的职业农民"。该意见首次将职业农民的最低学历定位于初中文化(或相当于初中)程度以上,集中反映了对新型职业农民的知识素质的要求。

2013年,农业部提出《农业部办公厅关于新型职业农民培育试点工作的指导意见》,明确了新型职业农民分为"生产经营型、专业技能型和社会服务型"3种类型,使新型职业农民培育标准趋于清晰。该意见规定新型职业农民应具有"以农业为职业、接受过教育培训、具有一定的生产经营规模"3个方面的特征。

2014年,教育部办公厅、农业部办公厅印发了《中等职业学校新型职业农民培养方案(试行)》,提出以50岁以下,初中毕业以上学历(或具有同等学力),主要从事农业生产、经营、服务和农村社会事业发展等领域工作的务农农民以及农村新增劳动力为教育培训对象,要求"新型职业农民应具有良好科学文化素养和自我发展能力、高度社会责任感和职业道德、较强农业生产经营和社会化服务能力,适应现代农业发展和新农村建设"。

(二)学术层面

自2012年"中央一号文件"发布之后,学界有关职业农民培育的研究渐成热点,不同领域研究学者赋予新型职业农民不同的内涵。其中,许浩关于新型职业农民概念的描述最为全面:以从事农业生产经营和管理为主体,并以此为生活来源,有文化、懂技术、会经营、善管理、能创业的新型农民。朱启臻对新型职业农民概念的阐释也较为系统:首先,新型职业农民是市场主体,一般具有较高的收入;其次,新型职业农民把务农作为终身职业,而且后继有人;再次,新型职业农民具有高度的社会责任感和现代观念。此外,王秀华认为新型职业农民是跨区域、流动性、社会化和职业化的农民,是有文化、懂科技、善经营、会管理的新一代职业农民;杨继瑞认为新型职业农民是通过自主选择将农业作为产业进行经营,并充分利用市场机制和市场规则来获取报酬,以期实现利润最大化的理性经济人;叶俊焘认为新兴职业农民以独立自主、流动开放、集约专业、高素质为主要特征,并以农业投资经营为主要职业。

二、我国职业农民的培育标准——基于KSAIBs模型的视角

(一)KSAIBs模型介绍

职业农民培育是我国当前实施的一项规模宏大的社会人力资源开发活动,因此可运用人力资源开发相关工具实施分析。人力资源开发评价个体综合素质的KSAIBs模型既可以用于个体素质测定,也可用于培训效果评判。KSAIBs模型具体包括知识(Knowledge)、技能(Skills)、能力(Abilities)、中介变量(Intervening variables)和行为(Behavior)五项要素。

(1)知识(Knowledge)。人力资源个体素质中的知识水平可用"文凭"表征。劳动者持有的"文凭"层次与薪金福利水平为正向关系,"文凭"层次越高,薪金福利就会越高。此外,包含职业资格证书在内的一些培训"文凭"

也具有市场效能。

（2）技能（Skills）。技能既包括操作性技能，也包括人际交往和管理技能。对劳动者某一技能水平的判定，多由专业技能认定机构实施，而后颁发给劳动者相应的技能水平证书，供人力资源市场选择。

（3）能力（Abilities）。职业农民是指以农业为职业的农民，其能力可从农业生产效益和经营管理情况、处理危机情况等方面进行考察。

（4）中介变量（Intervening variables）。职业农民的知识、技能和能力转变为行为，还需一些中介变量的作用，包括动机、态度和个性等。由于劳动者的动机确定难度较大，中介变量一般用情感或态度实施表达。

（5）行为（Behavior）。行为指劳动者在生产经营过程中的具体表现，也可理解为职业表现。同时，劳动者的行为必须建立在良好的道德规范之上。因此，行为可以表现为"生产行为"和"道德行为"2项指标。

（二）职业农民培育标准——基于KSAIBs模型的视角

吸收职业农民认定理论标准，利用KSAIBs模型，大体可以确定各类别、各级别新型职业农民的培育标准如下。

1.生产经营型（见表1-1）

生产经营型职业农民是指以农业为职业、占有一定的资源、具有一定的专业技能和资金投入能力、家庭收入主要来自农业的专业大户、家庭农场主、农民合作社带头人等。

目前，我国实行九年义务教育，职业农民最低应取得初中毕业证书，且中级、高级应比初级更高一个层次，分别确定为高中（中专）、高职（高专）以上。初级新型职业农民懂得农业生产基本知识即可，中、高级新型职业农民应具有一定的辐射带动能力，每年参与培训的时间应分别不少于20、40学时。新型职业农民应通过培训拥有相关技能资格证书，且随级别的提升证书级别也随之提升。同时，新型职业农民不仅涉及主业技能资格证书，亦应具有相关行业的职业技能资格证书。如农业机械操作证书等、无公害农产品证书、绿色食品证书等。

由于农业有较强的地域性和产业特点，很难以"种植面积""养殖规模"

等体现农民能力素质,可以其年收益水平作为培育标准。新型职业农民年收入应高于当地农民平均水平,不同级别的新型职业农民高于当地农民平均收入水平的幅度应逐级提高,辐射带动能力应逐步增强。

表1-1 基于KSAIBs的生产经营型职业农民培育标准

维度	指标	初级新型职业农民	中级新型职业农民	高级新型职业农民
知识	学历	初中	高中/中专	高职/高专
	参训学时	0	≥20	≥40
技能	资格证书/技能证书	相应等级		
能力	收入水平(倍)	3	5	10
	收入年提升率(%)	稳定	5	10
	带动农户数量	无要求	10	20
中介变量	务农动机	A1	A2	A3
	务农态度	B1	B2	B3
	务农情感	C1	C2	C3
行为	从业年限	3	5	10
	雇工比例(%)	30	50	80
	机械化比例(%)	40	60	90
	道德行为	无违法记录,无农产品质量不良记录,能够采取相关措施遏制他人违法行为		

注:1. 收入水平为新型职业农民高于当地农民年收入的倍数;2. 务农动机(A),分为"视为主要经济来源(A1)、认为能带来好的效益(A2)、认为能带来丰厚效益(A3)"三个级别;3. 务农态度(B),包括"对新产品和新技术的态度,对气候、市场冲击时的态度,对职业农民培训的态度"等方面,分为"一般(B1)、较积极(B2)、非常积极(B3)"三个级别;4. 务农情感(c),分为"一般(C1)、喜欢(C2)、热爱(C3)"三个级别。下同。

关于中介变量,初级新型职业农民应能以务农为主业,敢于尝试新产品、新技术,能够冷静对待市场冲击;中级新型职业农民应该喜欢农业,认为从事农业生产经营能带来较好的经济效益,能够独立面对危机;高级新型职业农民应热爱农业,认为农业生产经营能带来丰厚的经济效益,能够独立完成相应工作。

生产经营型新型职业农民的行为主要体现于生产经营行为和道德行为两个方面。生产经营行为可从从业时间、雇工比例、机械化比例等方面实施培育,本着"由易到难"的原则,坚持因材施教,明确培育重点。道德行为则不应因其级别不同而产生差异,应在遵纪守法、保证农产品质量以及社会公德等方面做统一的"质的要求",加强相关方面的培育。

2.专业技能型(见表1-2)

专业技能型职业农民是指在农民合作社、家庭农场、专业大户、农业企业等生产经营主体中较为稳定地从事农业劳动作业,并以此为主要收入来源,具有一定专业技能的农业劳动力。

专业技能型职业农民最低学历标准应确定为中专(专业对口)以上,中、高级专业技能型职业农民学历要求比初级更高一个层次,应达到高中(中专)、高职(高专)以上。同时,为确保专业技能型职业农民及时掌握相关领域最新技术成果,应确保其参与培训的时间,并对其进行考试、考核,颁发相应的培训结业证书。专业技能型职业农民专业化特征明显,要求其具有娴熟的劳动技能,且操作质量较高,必须着力加强相关技术技能教育与培训,并获取相应的毕业(结业)证书、专业技能证书和部分岗位需要的上岗证书等。不同级别的专业型职业农民所获的专业技能证书,应随级别提升而提高。

专业技能型职业农民很难依据占有的生产资料多寡判定其能力,因此也采用年收益水平状况表达。专业技能型新型职业农民的年收入水平、自身收入年提升率等均应高于生产经营型职业农民。此外,专业技能型职业农民还在于农业企业或农业合作经营组织,初级专业技能型职业农民应喜欢自己所从事的职业,能够在他人指导下完成生产经营任务;中级专业技能型职业农民应在喜欢自己职业的基础上,能够独立完成相应工作;高级专业技能型职业农民应能凭借自己的技术给自己带来较为丰厚的经济收益,并能够指导他人,具有较高的社会声望。

专业技能型职业农民的行为应主要体现在爱岗敬业和道德行为两个方面。其中,爱岗敬业可用从业时间来表达,应以农业企业或农业合作经营组织为主体,加强相关方面的培育。道德行为则应在遵纪守法、保证农产品质量以及遵守社会公德等方面加强培育。

表1-2 基于KSAIBs的专业技能型职业农民培育标准

维度	指标	初级新型职业农民	中级新型职业农民	高级新型职业农民
知识	学历	中专(专业对口)	高中/中专	高职/高专
	参训学时	≥10	≥20	≥40
技能	资格证书/技能证书	相应等级		
能力	收入水平(倍)	5	10	15
	收入年提升率(%)	稳定	5	10
	带动农户数量	20	50	100
中介变量	务农动机	A1	A2	A3
	务农态度	B1	B2	B3
	务农情感	C1	C2	C3
行为	从业年限	4	6	10
	道德行为	无违法记录,无服务质量不良记录,能够采取相关措施遏制他人违法行为		

3. 社会服务型(见表1-3)

社会服务型职业农民指在社会化服务组织中或个体直接从事农业产前、产中、产后服务,并以此为主要收入来源,具有相应服务能力的农村经纪人、农机服务人员、统防统治植保员、村级动物防疫员等。

社会服务型职业农民对专业基础知识的要求更高,初级社会服务型职业农民应确定为中专以上,且专业对口,学以致用。中级、高级比初级应更高一个层次,分别确定为高职(高专)、大学本科或专业研究生学历以上。同时,应注意及时更新所有级别的社会服务型职业农民的知识结构,每年应至少对初、中、高级社会服务型职业农民培训20、30、50学时以上。

应国家持证上岗制度要求,社会服务型职业农民应通过培训拥有相关的职业技能证书和岗位资格证书等,证书层次随级别提升而提高,使其能够及时捕获农业信息,科学分析农产品价格走向,并具有一定的销售技能等。此外,部分社会服务型职业农民还需要一岗多证,如农机社会服务人员需要相关的农业机械操作证书、农机维修证书等。

社会服务型职业农民的能力也难以用从业资产数量统一衡量,也应以其年收益水平状况表达,且其标准应略高于其他类型的新型职业农民。由于社会服务型职业农民知识积累、技能水平状况与从业年限密切相关,故对培育不同级别的社会服务型职业农民的从业年限、服务农户数量等指标也应提出不同的要求。

关于中介变量,初级社会服务型职业农民应重点加强对其服务愿意的培育,使其能够以农业服务业为主业,并作为主要生活来源;中级社会服务型职业农民应喜欢自己所从事的工作,并认为能带来较好的经济收益,进而不断提高服务能力和服务水平;高级社会服务型职业农民应热爱自己所从事的行业,并认为能为自己带来丰厚的经济收益,具有成就感和较高的社会声望。

表1-3 基于KSAIBs的社会服务型职业农民培育标准

维度	指标	初级新型职业农民	中级新型职业农民	高级新型职业农民
知识	学历	中专(专业对口)	高职/高专	大学本科/专业研究生
	参训学时	≥20	≥30	≥50
技能	资格证书/技能证书	相应等级		
能力	收入水平(倍)	10	15	20
	收入年提升率(%)	稳定	10	15
	带动农户数量	50	100	200
中介变量	务农动机	A1	A2	A3
	务农态度	B1	B2	B3
	务农情感	C1	C2	C3
行为	从业年限	4	6	10
	道德行为	无违法记录,无服务质量不良记录,能够采取相关措施遏制他人违法行为		

各级别社会服务型职业农民均应该加强社会服务行为和道德行为两个方面的培育,确保其在获取自身利益的同时履行社会责任,实现自身收益与

社会效益的有效统一,引导社会服务型职业农民恪守职业道德,遵纪守法,为农民提供及时、有效的社会服务。

三、我国职业农民培育标准的实现路径

职业农民培育与常规的职业培训不同,必须注重环境作用,凝集社会各方面要素。不仅需要政府主导,还需要充分发挥市场机制作用,动员社会各方面力量积极参与。

(一)家庭农场兴办

家庭农场是指以家庭成员为主要劳动力,从事农业规模化、集约化、商品化生产经营,并以农业收入为家庭主要收入来源的新型农业经营主体。家庭农场也应有具体标准,比如需具备一定的经营规模、进行工商注册等,其形成方式多建立在农民自愿土地流转以及金融机构的信贷支持等的基础之上。家庭农场兴办前期,新型职业农民培育主体应加强对准家庭农场主的相关政策培训、信贷知识培训,使其能够准确理解和运用国家政策,获取信贷支持等;家庭农场兴办之后,则需要重点提升家庭农场主及其成员的农业技术知识和生产经营知识等,逐步提升其食品安全生产、市场信息获取、农产品营销等方面的能力和水平,增加其经营利润提升空间,强化其对周边农户的辐射带动能力。

(二)农村合作组织带动

发展农民专业合作组织,培育新型农业经营主体是我国当前乃至今后一个相当长的时期农村改革的主要方向。实践证明,农村合作组织是培育新型职业农民的一个有效载体,带动了一批新型职业农民的形成。成立农民合作社,既需要国家层面的法律支持,也需要相关科研机构的技术支持以及金融机构的资金支持。在这种情况下,相关培训主体应对合作社成员进行相关法律政策知识的培训,使其了解市场竞争规则等;农业技术推广部门应主动承担起农业实用技术、市场经济知识以及合作社生产经营理念等内容的培训义务,增强其市场竞争力和抵御风险的能力;农村金融机构应主动

承担起对相关人员的信贷知识培训,使合作社成员能够积极利用各种信贷机会,增强经营实力,获取更高的经济效益。通过农村合作组织的带动,自然会产生一批新型职业农民。

(三)各类农业园区培育

由于各类农业园区均具有较大的规模,容易引起当地政府及相关部门、科研机构、农业科技推广机构以及其他各类社会组织的重视,更容易接受政策、技术以及市场相关信息的辐射。农民将自己的生产经营活动融入农业园区,可耳濡目染地接受园区培育,逐步成为新型职业农民。农业园区培育模式克服了传统农业技术推广体制的弊端,满足了农民对生产技术和经营知识的迫切需求。就培育主体而言,各类农业园区已将农业科研院所和农业高校、科技推广力量等凝聚在了一起,实现产学研结合,具备了较强的培育实力。地方政府提供政策、资金支持,可保障园区基础设施建设;农业专家可将先进科技成果及时运用到生产实践之中,完成先进技术集成,并向产前、产中、产后渗透,提高农业科技成果转化效率;农业园区实行规模化、专业化、标准化生产,农户可在园区内亲身体会科学技术作用,学习各种生产经营知识,逐步成为新型职业农民。

(四)农业龙头企业带动

农业龙头企业指在某区域农业产业经营链中,对其他同类企业和农户具有较大影响力的企业,具有开拓市场、创新科技、带动农户等功能。农业龙头企业既可以是农产品加工企业,也可以是中介组织和专业批发市场等。龙头企业带动新型职业农民培育有其自然的经济背景。一是龙头企业需要建立稳定的原材料基地,保证企业正常生产经营活动,必然要与农民进行合作。而农民也需要稳定的农产品销售渠道,寻求与龙头企业的合作。二是龙头企业多具农产品品牌,需要原材料达到一定的质量标准,必然要对农户进行技术指导。多数龙头企业能够将原料生产技术直接传递到基地农民,使其按企业生产标准、技术规程生产。三是龙头企业具有较强的市场信息获取、处理和传播能力,能够提升职业农民生产经营的信息化程度,提高农业生产效率和经营管理水平。四是龙头企业生产需要一批农业工人,必然对其培育,使其成为专业技能型职业农民。

(五)现代职业教育培养

现代职业教育培养以农业院校(包括电大、农广校等)为实施主体,以具备一定生产经营基础和科技文化知识水平的家庭农场主、农业合作社负责人、农业企业负责人等为实施客体,开展学历型和非学历型教育,使其逐渐成为专业技能型、社会服务型职业农民。现代职业教育模式之所以"现代",主要体现在教学内容、教学方法、教学手段等方面。一是应用"农学结合"的人才培养模式,能够做到理论与实践相结合;二是学习内容不仅限于农业生产知识,还包括经营知识、农产品销售知识等;三是在教学方法上灵活,既可以通过课堂集中学习,也可以利用计算机网络等远程教育手段自学;四是既关注学员的学习基础和学习需求,也关注学员的后续发展和长期成长。通过职教、成教、电教一体化的现代职业教育体系,让农民根据自己的兴趣选择适合自己的学习方式,逐步成为新型职业农民。

(六)新型农技推广助力

新型农技推广之所以称为"新型",主要是在完善现有农业技术推广体系的基础上,逐步引入市场因素。一方面,健全县、乡、村农业科技推广网络和试验示范网络,完善以"包村联户"为主要形式的工作机制和"专家+农业技术人员+科技示范户"的技术服务模式,并增加经营管理、市场营销等方面的服务内容,提升职业农民的 KSAIBs 素质;另一方面,针对政府农业技术推广体系难以满足职业农民 KSAIBs 素质提升的现实状况,调动市场多元主体参与农业技术服务工作。要积极鼓励一批专业素质高、立志献身于"三农"的高校毕业生返乡从事农业服务工作,成为社会服务型、专业技能型职业农民。充分利用市场机制,积极推行契约式、合同式技术承包以及委托管理、代销服务等,引导一批农村"能人"逐步转变为社会服务型职业农民。

2018年12月

金砖国家职业农民培育体系、政策与经验

——王道支、杨超、张万如

学习北美、西欧和东亚发达国家职业农民培育的经验,对于我国职业农民培育固然有重要的意义,但这些国家在农业发展条件、经济发展水平、农民队伍素质等方面与我国有着明显的区别。基础条件不同,职业农民培育的模式、措施、路径必然不同。客观分析基础条件与我国相似的其他金砖四国(巴西、俄罗斯、印度和南非)在职业农民培育方面的体系、政策及经验,对我国职业农民培育具有重要的借鉴意义。

一、俄罗斯职业农民培育

俄罗斯的农民教育大致分为4层:高等农业教育、农村中等职业教育、农村初等教育、高校后继续教育与补充职业教育。四者从高级、中级、初级再到继续教育,面向各学历层次农业人才,培育各等级农业工人和专家。

(一)主要机构

(1)培训方式多样化。俄罗斯农业教育培训有合作社大学的教育培训、国有农场的内部教育培训,还有农业高等院校和科研院所的全日制、函授教育、网络教育、夜校、旁听和在岗培训等多种方式。灵活的教育培训方式覆盖了俄罗斯的全部人群,使其终身教育体系得以完善。

(2)办学形式多样化。俄罗斯形成了多元化、多层次的办学形式。除了高等农业院校和农业科研院所外,农业合作社和大型农场也创办了自己的大学和技术学校用于培养自己的工人;为了发展职业教育,俄罗斯鼓励民办

学校,走出了一条以国家办学为主、民间办学为辅的特色教育模式。

(二)政策措施

俄罗斯建立了一系列扶持农民和农业的政策和措施,在其农民培育中发挥了重要的作用。

(1)农业补贴政策,包括农业补贴国内支持政策、农产品市场准入政策、农产品出口补贴政策。

(2)支农法律及相关政策,最主要的有《2001—2010年农业食品政策基本方针》《农业合作制法》,以及农村教育相关法律等。

(3)农业保险政策,最具有代表性的有《农业保险法》《俄罗斯联邦农业发展法》《2008—2012年农业发展、农产品市场调节、农村发展规划》等。此外,2006年还成立了统一的国家保险公司,为农业企业或农场等提供农业保险服务。

(4)农民教育认证制度。俄罗斯的资格证书注重与国际接轨,在制订职业教育人才培养规划时,将欧洲的就业市场作为目标,采用欧盟5级技能等级标准体系。同时为了保证劳动力的自由流动,与原先的独联体国家建立了统一的教育标准。此外,俄罗斯的高等教育和职业认证教育是捆绑在一起的。资格认证主要集中在不完全高等教育阶段和完全高等教育阶段,职业资格认证伴随着高等教育的发展取得了辉煌的成绩。

二、印度职业农民培育

(一)主要机构

印度农业推广和农业教育是以法律形式明确的邦管事务,即中央主要负责全国的农业推广和农民教育培训的协调工作以及制定指导原则,邦的农业相关部门负责具体实施农业推广和教育培训工作。农业与合作社部下设的农业推广处,负责为农业推广事物和各项计划制定政策纲领。农业推广处下属办公室,负责协调全国的农业推广和培训活动,并为邦的农业推广部门提供指导和示范。科研教育局的农业研究理事会(ICAR)及其下属的研究机构和农业大学承担农业推广和教育培训工作。其中,农业科学中心(KVK),是由农业研究理事会出资设立的县级组织,由ICAR研究机构、农业大学、非政府组织和邦农业政府部门共同负责管理。农业科学中心很好地把科研、推广和教育联系起来,是推广农民教育体系中的先导机构。

(二)政策措施

印度对农民的支持措施:

(1)农产品价格支持政策。主要包括最低支持价格、市场干预价格、公共分配系统、分散采购政策和粮食储备政策等,其目的在于保护农业生产者利益,同时兼顾消费者利益,在全社会范围形成合理的价格体系。

(2)投入补贴政策。主要包括化肥补贴、电力补贴、灌溉补贴、种子补贴和柴油补贴等,其目的在于保持农业低成本和高收益,是印度粮农政策制度中最重要的方面。

(3)金融支持政策。主要包括农业信贷和农业保险政策。此外,还有其他支持政策,包括基本取消农业税、农用柴油和电力免费或优惠、农业生产资料(化肥、农机等)价格补贴、农产品财政补贴和政府投资修建农村基础设施等。

三、巴西职业农民培育

(一)主要机构

1991年,巴西联邦政府成立了农业职业教育服务机构,主要职能包括:①组织、管理和实施全国农民的农村职业培训和农村社会发展。②支持雇主单位组织培训和制订工作场所的培训计划。③建立和传播农村职业培训和农村社会发展技术。④协调、指导和管理农村职业培训和农村社会发展计划和项目。⑤支持联邦政府农村职业培训和农村社会发展工作。1995年,巴西联邦政府又实施了"员工继续培训计划",很好地做到了政府部门、私人部门与市场机制的有机结合。多年来,巴西形成了具有特色的农业科研推广体系,遍布全国118个研究中心、1800多个农业科研推广站,为农业生产提供技术服务与帮助。

(二)政策措施

巴西农业在国内生产总值中的比重较大,政府重视发展农业,不同时期政府制定了不同的支持政策。相关政策的发展主要历经了3个阶段:

第一阶段(1965—1985年),为农业补贴阶段。此阶段农业政策资金投入累计为2191亿美元,分别用于农业补贴和其他对市场的支持。第二阶段(1986—1995年),减少对农业的补贴,转向以农产品价格支持政策为主。第三阶段(1996年开始),鉴于WTO和农业总协议的签订,政府提高了农业市场的开放程度。此阶段出台了产品售空计划(PEP)和期权合约(Option Contracts)两个价格支持政策。目前,巴西农民培育相关政策和措施有取消"进口替代"政策、生产者支持政策、生态补贴模式、农村保险体系、信贷政策和农村基础设施建设等,宗旨都是保护和鼓励农民的生产积极性。

四、南非职业农民培育

南非农民培育由国家统筹规划,政府及相关部门指导协作,教育系统为主体,农业改良普及事业系统和农协予以配合。南非农民培育贯穿整个教育环节。一是基础教育阶段。2005年以后,南非中小学开设农业课程,主要内容为园艺,侧重于教授花朵、草坪和蔬菜生产知识,主要目的是为儿童提供一定水平的农业科学教育,并帮助其获取预科证书。二是继续教育阶段。南非历史上有13个农业院校承担白人农区的农业教育,主要课程有农学、农业组织、农业工程、农业经济与农场管理、土壤科学、植物生产和动物生产,并在必要情况下提供实践支持。三是高等教育阶段。南非的高等农业教育沿袭了英联邦国家的综合性大学学制,农业教育由大学中的农学院承担。目前共有8所国立大学设有政府投资的农学院,另有近30所专科性质的农学院。农学院本科生完成3年本科课程可获理学学士学位。各大学农学院都非常重视与美欧先进国家农业院校和国内外农业科研机构的合作和交流。为顺应农业专业化的趋势,以满足高科技农业的需求,几乎一半的毕业生能获得"研究型"学位。

除了以上教育机构外,南非还设立了农业研究理事会,领导17个研究机构和分布在全国的40个试验站,负责开发农业部门所需的生产、灾害管理和农业技工等相关技术,向全国提供农业服务,支持政府制订的发展计划,确保农业在全国、非洲地区甚至国际上的竞争力。南非的农业研究支持体系与各省农业研究机构和大学的农学院共同形成了完善的农民培育支持体系。

五、金砖国家职业农民培育对我国的启示

(一)注重职业农民培育的立法保护

四国经验证明,制定相应法律不仅有利于农业生产,而且对于规范农民教育培训、保障农业教育的实施、提高农业教育的效率具有显著的作用。当前,中国正处于农业经济转型的关键时期,相关法律还不够健全,应借鉴四国经验,出台相应的金融、保险、产业、财政补贴和法律支持政策,扶持农业的发展,维护农民的利益。同时,针对中国当前各地区开始大力发展新型职业农民教育培训,但各地培训方式、内容、标准和效果参差不齐的现状,应尽快出台一套新型职业农民培育的标准和管理规范,约束相关培训机构的教育培训工作,建立和完善新型职业农民教育培训工作的法律监督、反馈和督导体系,将中国的新型职业农民培育工作尽快纳入法治化和规范化的轨道上来,以提高中国新型职业农民培育的效率和水平。

(二)建立适合国情的农民教育体系

四国均重视发挥农业高等院校、中等职业教育以及农业基础教育等各层次教育机构的作用,同时鼓励合作社、行业协会、民间组织办学,建立多形式、多主体的教育体系,对农民科技素质的提高,尤其是年轻的高素质农业人才梯队的培育,起到了重要的作用。此外,各国的经验表明,政府应在农民职业教育体系中扮演重要的角色。无论是农业教育和推广体系中的教育、组织和管理职能,还是教育体系运行款项的筹措、分配和使用,均离不开政府在其中扮演主导的作用。

(三)大力推进农科教三者结合

俄罗斯等金砖国家的经验证明,农业高等院校不仅担负着农业领域的科研任务,还在农业技术的研发、推广和普及方面扮演主力军的角色。在实际工作中,农科教三者只有彼此有机结合,互相支撑,才能将作用发挥到最大。中国不仅是农业大国,而且拥有国家和地方各级农业院校以及农业科研院所,应充分利用资源,立足农业生产和新型职业农民培育的现状,发挥农业院校和科研院所的科研与教育一体化功能,并注重农业科学技术对农业生产的重要作用,满足农民对新技术的需求,注重理论与实践相结合,注重技术的可实现价值,综合利用农科教结合的各种资源,以灵活的形式构建终身教育体制,培育出具有高素质、高技能的新型职业农民。

(四)制定职业农民培育与农业发展扶持政策

金砖四国职业农民的培育与在人力、财力、物力和科技等方面提供了大力扶持不无关系。我国职业农民的培育,同样离不开政府的大力支持和相关政策的保障和引导。中国应立足当前国情,制定一系列的职业农民培育以及农业扶持政策。一方面提高农民参加教育培训的积极性,另一方面在农业生产、农产品流通、农业保险与风险管理等各环节,在教育、技术、信贷、保险、市场等各方面,给予农民最大的扶持与帮助,并实施全程立法与监督,加快职业农民的培育进程。

2018年12月

第二部分

产业实践

烟农队伍现状、素质与努力方向

——黄晓东、刘相甫、王津军、戴成宗

一、全国烟农队伍基本情况

烟叶是烟草产业的基础,而烟农是烟叶生产的主体,是烟草产业链中最基础、最关键的一环。近年来,国家烟草专卖局把烟农适度规模种植作为现代烟草农业的重点工作来抓,着力培育种烟专业户和家庭农场。2015年,全国种烟农户150.2万户,户均种烟规模11亩,75%烟农参加了烟农专业合作社,"种植在户、服务在社"的生产组织方式初步形成。分析近五年数据,当前烟农队伍呈现数量稳中有减、分化明显、经营水平稳步提升、职业烟农雏形已现态势。

(一)烟农队伍稳中有减

我国烟农队伍主体比较稳定,但数量逐年下降。一是烟农队伍主体稳定。2011—2015年,连续种烟农户为122.6万户,占2015年种烟农户数的81.6%,烟农年均流失率不到5%,烟农队伍总体稳定,但产区之间稳定性不一。连续五年种烟农户占80%以上的产区,有吉林、山西、宁夏、内蒙古、甘肃、辽宁、云南、黑龙江、广西、福建、陕西11个省(自治区),占全国种烟面积的50%,稳定性较好;连续五年种烟农户占70%~80%的产区,有湖北、四川、贵州、安徽、河南、重庆、河北、湖南8个省(直辖市),占全国种烟面积的44.5%,稳定性一般;连续五年种烟农户占60%~70%的产区,有山东、广东、江西3个省,占全国种烟面积的5.5%,稳定性较差。烟农年龄结构保持稳定，中青年仍是烟农队伍的骨干，2016年全国30~49岁的烟农85.4万户，占烟农总户数的56.8%；今年92.3万户，占烟农总户数的61.4%。烟农文化教育水平总体平稳，初中及以上学历的仍是种烟主力。二是烟农数量趋于减少。近年来受种烟人工成本高、农户劳动力不足、土地流转困难、自然灾害频发、外出务工人员增加、种烟比较收益下滑等因素影响，导致烟农种烟积极性不高，种烟农户不断减少。2015年全国种烟农户数量比2013年184万户减少33.8万户，年均减少近17万户，年均减少9%。除了黑龙江、甘肃外，其他产区烟农数量均有减少。其中，山东、安徽、广西烟农数量年均减少20%以上，贵州、内蒙古年均减少近20%，河南、山西年均减少近15%，江西微减，其他省份年均减少量在5%~12%之间。

（二）烟农队伍分化明显

随着现代烟草农业的深入推进，户均种植规模不断增加，2015年全国户均种烟规模比2007年翻了一番，烟农队伍逐渐分化成规模经营主体和服务主体。一是规模经营主体递增明显。从烤烟种植电子合同签订数据来看，2014年，10~19亩种植专业户有45.5万户，同比增加14.8万户，面积占比从28.2%增加到34.2%，同比增加6个百分点；20亩以上的16.7万户，同比增加2.8万户，面积占比均为36.4%。10亩以上的种植专业户或家庭农场逐年增加，种植集中度较高，种植面积达到1292.2万亩，占比70.6%，已成为烟叶生产的主要经营主体。二是服务主体递增明显。2015年，全国烤烟综合型服务合作社1572个，入社烟农数量112.5万户，同比增加9.7万户，占烟农总户数的74.9%，同比增加了13.1个百分点。根据贵州遵义、安徽皖南的调查结果，每年流失的烟农有30%~50%转为合作社专业服务人员，今年有5.1万人转为合作社专业服务人员，从事育苗、烘烤、分级等环节的专业化服务。据统计，全国育苗专业化服务覆盖率96.6%、机耕62.9%、植保39.7%、烘烤47.5%、分级76.5%，同比分别增加4.8、3.3、2.4、3.6、9.1个百分点，专业化服务人数、作业量稳步提升，逐步形成烟叶生产全过程社会化服务，烟叶生产专业化分工日趋明显，为职业烟农队伍的壮大打下了良好的基础。

(三)经营水平稳步提升

通过加大烟叶生产基础设施建设、特色优质烟叶开发、新技术推广、优化结构和专业化服务力度,烟叶生产减工降本、提质增效作用明显。一是生产水平稳中有升。全国烟叶生产技术到位率逐年提高,劳动强度逐年下降,烟叶生产亩均用工普遍由37个降到26个,降幅近30%;亩均收入从2007年1374元增加到2014年3960元,增幅逾188%,剔除烟叶价格上涨因素外,年均增长近12%。二是管理水平日益提升。据贵州、四川、湖南、重庆四省(直辖市)抽样调查结果显示,20亩以上农户种烟收入占家庭总收入的80%以上,烟农对新型生产技术、新型管理方式、新型运营模式等的接受程度明显提高,经营管理能力不断提升。2014年,10~19亩种植专业户的平均交烟收入4.3万元,同比增加0.1万元,高出10亩以下的2.7万元;20亩以上的平均交烟收入13万元,同比增加1万元,分别高出10亩以下、10~19亩的11.3万元和8.6万元;烟农收入5万元以上的有24.1万户,占烟农总户数的14.5%;10万元以上的有6.1万户,占烟农总户数的3.7%;15万元以上的有3.3万户,占烟农总户数的2%,种烟规模效益日益初显。

(四)职业烟农雏形已现

各产区在适度种植的基础上,加大职业烟农培育探索力度,2015年全国共培育职业烟农4.1万户,同比增加2.8万户,增长2倍多。安徽皖南按照人均每年800~1300元标准,与乡村联合投资新版烟农学校40所,每年培训2.5万人次以上,大力培育职业烟农,给予养老保险、意外伤害险、子女上学奖励等"准职工"福利待遇。2014年全公司55.7%烟农为职业烟农,户均种烟规模从培育职业烟农前的12.5亩增加到2015年的59亩。山东以烟叶生产生态村建设为载体,引入企业化经营管理理念,逐步把传统小农生产者培育成懂经营、善管理的职业烟农,今年全省职业烟农数量达0.6万户,占种烟农户数的57.8%,职业烟农种烟面积占总种烟面积85.6%,户均面积由2010年的15亩增长到2015年34亩,2010—2015年烟农流失人数的72%为初中以下文化程度烟农。贵州按照懂技术、懂经营、懂管理和知识化、专业化、年轻化、职业化"三懂四化"的标准,已培育0.2万人职业烟农;云南、四川、河南等地开展以家庭用工为主、精于种烟的20~49亩适度规模种植的职业烟农培育工作。部分产区进行了从计划安排、土地流转、生产补贴、技术服务、灾害救助、社会保险等方面向职业烟农倾斜的探索工作。

二、当前烟农队伍面临的形势与问题

烟草农业现代化的关键在于烟农的现代化。近年来,各地积极探索培育适度规模种植主体,尤其是这两年,充分利用严控规模的契机,不断优化烟农队伍,取得了一定的成效。同时,也要清醒地认识到,随着经济和行业发展形势的变化,我国烟农队伍也面临复杂严峻的形势和问题。

(一)农民数量趋于减少、劳动力价格高

伴随工业化、城镇化深入推进,农村劳动力大量迁移,农村分工分业深化,农户分层分化加快,农户兼业化、村庄空心化、人口老龄化日趋明显,农村青壮年劳动力大量流失不可逆转,劳动力价格持续攀升。2015年2月末,全国农村外出务工劳动力总量1.6亿人,占农村劳动力数量的20%以上。经湖南、重庆抽样调查显示,2010年劳动力工资在50元/天左右,目前已上涨到80~150元/天。2011—2015年,种烟农户数量减幅高出生产计划减幅8.3个百分点,这表明全国种烟农户数量除受严控规模政策影响外,还受农业产业结构调整、城镇化等因素的影响。

(二)规模化、均质化优质烟叶需求增加

2014年,全国卷烟重点品牌集中度进一步提高,有17个卷烟品牌产销量超过100万箱,28个重点品牌产量占83.4%,同比增加1个百分点;一、二类卷烟产量占31%,同比增加17%,三类及以下卷烟产量同比下降,重点卷烟品牌平稳发展、卷烟结构平稳上升以及单一牌号卷烟产量快速增加,加大了规模化、质量均衡优质原料的需求。2013—2015年户均规模11亩,除安徽皖南、山东潍坊等产区户均规模达到50亩以上,烟农家庭劳动力2~3人的占比达80%以上,50%以上种烟地块面积不到2亩,每户种烟地块5块以上,35.8%种烟土地是流转过来的,单家独户、互帮互助、分散种植的烟叶生产

模式仍然占据主流。在当前烟叶市场化趋向主流的情况下，烟叶"小农生产"与卷烟"大市场"的矛盾愈发突出。

(三)烟叶生产转型升级难度大

近十年的现代烟草农业建设,使"两头工场化、中间专业化"服务水平逐年提升,烟叶生产综合能力显著增强,但仍然存在一些问题:一是基础设施薄弱,33.56%烟田还需配套烟水工程、烟用农机,除耕整地机械外,其他机械覆盖率较低或不太适用于烟叶生产。云南机耕路仅覆盖16.18%、山地烟区密集烤房覆盖率偏低。据调查,适度规模种植的农户对农机和密集烤房需求较为迫切。二是种植劳动强度大。传统烟草农业靠手工及简单劳作的生产方式生产,机械化作业程度偏低,2015年全国机械化移栽比例仅有20%,机械化采收几乎没有;还存在种烟技术环节多、要求高、难度大、用工多、工序复杂、烟农的劳动强度大,种烟地块分散等问题。三是抗御自然灾害能力弱,容易遭受冰雹、风灾、洪涝等自然灾害的影响,同时也承担着土壤退化和烟叶病害蔓延的风险。自然灾害补偿标准偏低,仅能保证烟农物资投入,而损失劳动力投入无法得到保障。四是种烟比较效益不高。近年来物价上涨较快,劳动力价格不断上涨导致生产投入成本增加,种烟的经济效益不明显。种植规模太小,户均收入太低,没有规模效益;种植规模太大,由于聘用工多,租地成本高,导致亩均收入降低。

(四)烟农队伍自身存在的问题

现有的烟农队伍已很难适应我国发展现代烟草农业的需要,主要存在以下问题:一是烟农老龄化。2015年,30岁以下的烟农13.6万户,仅占烟农总户数的9.1%,新生代青年烟农较少;50岁以上的51.2万户,占烟农总户数的34.1%,比2014年增加了1个百分点,烟农队伍日趋老龄化,接受新技术能力不强,较难跟上技术环节多、要求高的烟叶生产发展步伐。二是烟农学历偏低。小学及以下学历的烟农57.9万户,占比38.6%;大专及以上学历的1.04万户,仅占0.7%,烟农文化程度偏低,凭经验种烟,经营管理能力较差。三是男性劳动力不足。育苗、移栽、分级、采摘、编竿等农事操作,多数是中老年妇女,少数是中老年男人。青壮男劳动力不足的烟农队伍,难以满足大田管理、搬运、上炕等劳动强度大的环节需求。四是抗风险能力弱。我国近40%烟区为老少边穷地区,烟农家庭收入不高,拥有的资金较少,抗御自然灾害风险能力较弱,难以承担规模种植烟叶的成本投入以及自然灾害造成的经济损失。五是生产经营水平不高。部分种植大户的用工管理水平不高、劳动力生产水平参差不齐,部分烟农依然存在自给自足的小农思想,土地流转困难,户均规模小,机械化程度不高。

三、下一步努力方向

烟农稳,烟叶稳,则行业稳。综合分析近几年烟农收入变化情况,2013年亩均交烟收入比2012年增加了10.7%,扣除收购价格上浮10%,仅增长了0.7%;2014年比2013年增加了1%,扣除收购价格上浮5%,下降了4%,这表明烟农种烟收入增加主要依靠烟叶收购价格上涨。进入2016年以来,烟叶价格已不再上浮,价格红利已接近"天花板"。而同时,我国有大约63.6%的烟区为山区、半山区,进一步推行机械化作业和专业化服务的难度越来越难,烟叶生产减工降本的空间不大。因此,下一阶段,唯有推动适度规模种植,推进烟叶提质增效,走职业化烟农的发展道路。培育新型职业农民,既是立足当前我国烟农队伍变化以及对烟叶生产的不利影响,着力解决"谁来种烟"的现实需要,又是着眼长远适应现代烟草农业发展要求,稳定和壮大烟叶生产经营队伍,着力解决"怎么种烟"的战略要求。

2016年12月

职业烟农培育含义、特征与对策

——黄晓东、刘相甫、王津军

2007年7月,国家烟草专卖局在全国烟叶生产座谈会上,提出要将传统烟叶生产向现代烟草农业转变,并努力实现"一基四化"的发展目标。烟农作为烟叶生产的主体,发展现代烟草农业就必须要有一支数量稳定、生产水平高、种烟热情浓的烟农队伍。因此,如何培育职业烟农成为发展现代烟草农业的一项重要课题。

一、职业烟农的含义和基本特征

(一)职业烟农的含义

职业烟农是指在适度规模种植农户基础上逐步发展形成的,将烟叶生产作为产业进行经营,以种烟收入为家庭经济主要来源,有文化、懂技术、会经营、善管理、守诚信的新型烟叶生产经营主体。职业烟农与传统烟农的区别在于职业烟农自愿从事烟叶生产经营活动,以烟为生,精于种烟,是有知识、懂技术、善管理的新型烟农。

(二)职业烟农的基本特征

(1)稳定性。职业烟农一般都居住在农村,种烟历史5年以上,常年种烟规模在20亩左右,把烟叶种植作为主要职业。

(2)劳动力充足。职业烟农普遍年龄在55岁以下,家中还有2个以上的青年劳动力,并培养有烟叶种植接班人。

(3)从事现代烟草农业。职业烟农善于接受新知识,具有创新意识和创新能力,掌握现代烟草农业生产种植技术,能开展机械化田间作业。

(4)诚实守信,规范经营。职业烟农能够遵守烟草专卖法规和烟叶种植收购合同,在烟叶种植中不虚报面积,在烟叶交售中不掺杂使假。

(5)生产水平高,经济效益好。职业烟农种植的烟叶的单产水平为150~175公斤/亩①,交售烟叶上中等烟比例在90%以上,种植的烟叶亩产值比传统烟农种植的一般高出10%以上。

二、培育职业烟农的重要意义

(一)是建设现代烟草农业的基础

现代烟草农业,就是充分利用现代物质条件装备、现代科学技术和现代组织管理来经营的,具有较高的机械化、社会化、市场化、专业化和信息化程度,综合生产能力和转换效率都比较高的烟草农业类型。这些现代化装备和管理理念最终还是要靠广大烟农来落实,只有培育一批有文化、懂技术、善管理的职业烟农,才能满足现代烟草农业的建设需要。同时,稳定的职业烟农队伍,能增强烟叶生产的抗风险能力,确保烟区规模稳定,是现代烟草农业稳步发展的人才保障。因此,建设现代烟草农业离不开一支稳定的职业烟农队伍。

(二)有利于烟叶生产可持续发展

烟草行业的发展实践证明,烟农稳,烟叶稳,行业稳。反之,烟农队伍不稳定,必将制约烟叶生产甚至烟草行业的可持续发展。近年来,社会经济快速发展,烟农队伍的稳定却受到了不小的冲击。一是受经济多元化发展的影响,烟农可选择的经济作物较多,对烟叶种植的依赖性下降,政府采取行政手段来稳定烟叶规模的作用已逐渐弱化。二是受城镇化影响,部分农民选择外出打工,导致农村大量劳动力和烟农流失。三是受市场经济影响,烟用物资成本、土地成本、劳动力成本不断上升,烟叶与其他经济作物相比较,

---

① 公斤,质量单位,1公斤等于1千克,农村普遍使用斤、公斤作为计量单位,故本书仍保留。

经济效益的优势越来越不明显,这对烟区的发展造成一定压力。在社会主义市场经济制度的大背景下,要保持烟叶生产的可持续发展,当务之急是要着力培育一支职业烟农队伍。一方面,职业烟农对烟叶种植忠诚度高,不易受外界条件影响而放弃种烟,确保了烟农队伍的稳定;另一方面,职业烟农生产水平较高,烟叶种植效益较好,能起到示范带头作用,坚定周边烟农的种烟信心,促进烟叶生产的可持续发展。

(三)有利于提升烟叶生产整体水平

随着科技兴烟的不断推进,烟叶生产的整体水平不断提升,但也要看到"小农生产、分散种植、粗放经营、人畜劳作"的传统烟叶生产方式普遍存在的现实。传统烟叶生产方式由于种植分散、管理粗放,导致用工数量较多,烟叶质量参差不齐,难以满足"原料保障上水平"的需要,经济效益偏低,也很容易被竞争激烈的烟叶市场所淘汰。当前,要转变生产方式,就需要发展职业烟农,使职业烟农逐渐成为烟叶种植的主体。职业烟农有知识,有文化,敢于接受新鲜事物,能够更快地适应合作社、家庭农场等现代烟草农业的生产方式,并能够利用其掌握的先进种植技术,保障烟叶质量,实现从规模、质量、效益上提升烟叶整体生产水平。

(四)社会主义新农村建设的重要体现

社会主义新农村建设是全面建设小康社会的重点任务。把一部分烟农培育成有技术、懂管理、善经营的职业烟农,是提升其收入水平、改善其生活条件的一条途径。同时,职业烟农往往是村里科技兴烟、靠种烟致富奔小康的排头兵。会对周围的农户和家庭产生示范带动效应,激发其他农户使用新技术,改变现有生产方式,带动现代烟农队伍的不断壮大,从而加快实现共同富裕,推进社会主义新农村建设。

三、培育职业烟农的对策

(一)合理选择培养对象

随着城镇化进程加快,农村大量劳动力外流,农业生产兼业化、老龄化趋势日益明显。职业烟农成为烟叶种植的主体是大势所趋。在选取培育对象上,更要从长远角度来考虑,一般培养对象要符合以下几点要求:一是种烟热情高,自愿种植烟叶的烟农;二是有一定知识文化基础,学习能力强,善于应用新技术的烟农;三是有适度规模种植土地条件的烟农;四是年龄在55岁以下的中青年烟农;五是遵守烟草专卖法规,配合烟草公司技术指导,诚信程度高的烟农。

(二)加快土地流转进程

规模化种植是现代烟草农业的主要特征,职业烟农是现代烟草农业的建设主体。所以职业烟农需要一定的规模种植作为生产基础,切实做好土地流转工作,解决职业烟农用地问题尤为重要。一是正确引导。推进土地快速流转,通过对比收益算账、村干部带头等方式,积极引导农民让出闲置土地,促进土地流转升温加速。二是加强宣传。鼓励农民自愿流转,通过现场会、座谈会等多种形式,广泛宣传土地流转的有关政策,消除农民对土地流转的偏见和误解,用典型事例教育农民,使其看到土地流转所带来的经济收益,从而转变观念,促进土地流转。三是完善政策。规范土地流转工作,按照规模化种植、集约化经营要求,制定完善土地流转政策,鼓励个体私营企业、乡村干部、社会能人、种植大户等通过转包、出租、互换、转让、股份合作、合作种植等方式,加快土地流转,参与规模化种植经营,引导成立县级或镇级宜烟土地流转中心,规范土地流转,维护群众利益。

(三)强化技术培训

种烟地区多处在偏远山区,烟农普遍知识文化水平偏低,存在着凭经验种烟的现象,因此,要加强技术培训,不断提高职业烟农队伍的科技文化素质和新技术应用能力。一是要明确培训层次。根据烟农文化基础、年龄结构及烟叶生产各环节中的不同需要,充分利用各种培训资源,做到因材施教,并注重培训形式要接地气,要让烟农听得懂、用得会。二是要优化培训内容。结合现代烟草农业建设需要,着重在湿润育苗、井窖式移栽、平衡施肥、病虫害防治、成熟采收、精准烘烤工艺等先进生产技术上进行系统培训。

三是要创新培训形式。结合烟叶生产和烟农农忙的实际情况，因地制宜地开展多种形式培训。

（四）完善种烟风险保障体系

烟叶生产受自然条件影响较大，为避免因自然灾害造成的损失打击烟农种烟信心，有必要建立和完善种烟风险保障体系，在受灾的情况下给予烟农一定补偿。一是建立健全烟叶生产防灾、减灾保障措施和防雹高炮网点硬件设施。二是建立由政府民政部门救助基金和乡镇"烟叶生产发展基金"组成的灾害保障基金。三是联系气象部门在条件成熟的区域开展防雹作业。最终形成一套行之有效的种烟风险保障体系，降低烟农不必要的损失，最大限度地保障烟农利益。

2017年12月

职业烟农培育现状、制约与路径

——黄晓东、戴成宗、王津军

一、职业烟农培育现状

(一)对加快职业烟农培育认识比较一致

加快职业烟农培育既是贯彻落实中央政策的要求,也是顺应行业发展新形势,还是烟农自身发展的需要。随着现代化的加速发展,农村出现了大批青壮年劳动力流向城市,现有劳动力大幅减少且老龄化、女性化和低素质化,农业生产兼业化,农地经营粗放甚至抛荒,农业生产后继乏人等情况,严重影响着农业生产力的提高,成为困扰现代农业加快发展的难题。2013—2015年连续三年中央一号文件提出大力培育新型职业农民的战略要求,着力解决"谁来种地"的问题。烟农作为农民的一部分,同样面临职业化的需要。

加快职业烟农培育是行业稳定发展的需要。近年来,随着现代烟草农业纵深推进,户均种植规模稳步提升,据中国烟叶公司统计,2015年全国烟农户均规模达11亩,比2007年的5.4亩增加1倍;烟农数量逐年下降,2013—2015年种烟农户数量年均减少18.9万户、年均降幅10.2%。面对烟叶生产新常态,产区公司主动调整发展思路,不断优化烟农队伍,引导培育骨干、铁杆烟农适度规模种烟,提高烟农职业化水平,走规模效益发展路子,稳定种烟主体,破解烟叶生产后继乏人的难题。云南、贵州、湖南、福建、重庆、陕西等省(直辖市)局(公司)出台了职业烟农培育的意见,着重培育10~50亩、以自用工为主、精于种烟的适度规模职业烟农;山东潍坊、安徽皖南等产区重点推进培育50亩以上、以雇工和机械作业为主、擅长经营的职业烟农。

加快职业烟农培育是烟农自身发展的需求。近年来,烟农通过租赁、互换、转包等形式流转土地,扩大种烟规模。据统计,2015年10亩以上的种植专业户种烟面积占比近70%,已成为烟叶生产的主要经营主体。随着种烟规模的增加,烟农急需通过教育培训、政策扶持,提高经营管理水平和抵御自然灾害能力,走职业化发展路子。据云南、贵州、四川等地抽样调查,各产区开展职业烟农试点探索以来,10亩以上的种植专业户职业化意愿较为强烈。

(二)推动烟农职业化条件日益完善

培育职业烟农的前提是形成一批核心烟农,前提条件是有土地、有设施、有服务、有收益、有保障。目前已初步形成一批核心烟农,据统计,2011—2015年连续五年种烟农户122万户,占2015年种烟户数的82.5%,这是烟农队伍的主体,是核心烟农,也是职业烟农培育的主要对象。

土地流转加快,农村土地确权和三权分立为土地流转提供了政策支持。烟区流转土地种烟现象比较普遍,据统计2015年全国烟田流转比例35.8%,烟农自行流转比例64.3%,职业烟农获得规模化种植的土地机会较以往增加。

烟田基础设施不断完善。截至2014年,全国累计投入烟田基础设施资金810.63亿元,综合配套烟田面积已达3066万亩,累计建设固定育苗设施2906万平方米,建设密集烤房102余万座,配备农机具37.9万台(套),烟叶生产设施装备水平较高,烟田具备了良好的设施保障,抵御自然灾害的能力有了较大提升,职业烟农有放心田种、有设施可用。

专业化服务覆盖率不断提升。自2009年以来,行业依托烟农专业合作社建设,大力推行专业化、社会化服务,育苗专业化服务覆盖率96.6%、机耕62.9%、植保39.7%、烘烤47.5%、分级76.1%,"种植在户、服务在社"的新型经营模式初步形成,职业烟农有服务可用。

烟农种烟收益稳步提高。多年来烟叶政策保持稳定,烟叶生产技术日益完善,烟农收入稳步提升。2014年,20亩以上的平均交烟收入13万元,同比增加1万元,种烟规模效益凸显,职业烟农种烟有收益。自然灾害保险、灾害救助等烟叶种植风险保障体系不断完善,云南、贵州、河南、湖南等产区实现了烟叶种植农业保险全覆盖,减少了烟农的后顾之忧。

(三)职业烟农培育起步良好

目前,各地积极探索职业烟农培育,2015年评定职业烟农3.4万户,同比增加2.1万户,翻了一番多,职业烟农培育工作开局良好。

开展职业烟农培训。安徽皖南兴办烟农学校40所,与宣城市职业技术学院联合办学,在农闲季节分期分批组织职业烟农脱产培训;建立了理论与现场室外演示相结合的培训模式,培训内容主要有基础素质、专业技能和管理技能。贵州等地培训内容由原来单纯的技术培训转变为对生产技术、经营管理和政策法规培训。山东对职业烟农进行养老保险等政策培训,不定期组织职业烟农代表考察学习。

开展职业烟农评定。评定主体有烟站、乡镇政府、合作社等单位,云南楚雄大姚县由乡镇政府组织烟站评定,红河弥勒由烟站、合作社共同评定,大理剑川由合作社评定。评定标准主要有年龄、种烟年限、种烟面积、种烟水平等内容,贵州设置"有文化、守诚信、懂技术、以烟为主"4个维度、12项指标的标准,安徽皖南的评定标准主要包括诚信、技能、综合知识三方面内容。开展职业烟农分类分级,四川广元分为A、B、C、D、E五个等级,云南楚雄大姚分A、B、C三类烟农,云南红河弥勒分五星、四星、三星、二星、无星五级烟农,云南大理剑川分好、中、差三级烟农。

开展动态管理。安徽皖南、四川凉山等地对职业烟农进行动态管理,实行年审和进退制度。

实施差异化扶持。河南三门峡、安徽皖南等地对职业烟农实行差异化产前投入补贴,山东为职业烟农缴纳人身意外伤害险和养老保险,对需要帮扶的职业烟农开展帮扶济困活动等;云南楚雄大姚对A类烟农种植面积100亩以上的给予50~100元/亩土地流转补贴,大理剑川将星级评价作为计划合同分配的依据,优先满足星值高的烟农;贵州遵义按类别给予职业烟农专业化服务费用和运输费用补贴,承担新农村合作医疗保险和一次免费体检。另外,云南红河、保山,四川宜宾、广元等当地政府对适度规模种烟农户给予了奖励补助。

二、职业烟农培育的制约因素

烟草农业现代化的关键在于烟农的现代化。近年来,各地积极探索培育职业化烟农,取得了初步成效。但推进烟农职业化还存在几个方面的制约因素。

(一)烟叶生产成本居高不下

烟农要职业化,收益是首要考虑的因素。从当前来看,国内烟叶价格已超过了国外烟叶的价格,提价空间十分有限,降低生产成本已成为烟农增收的关键因素。当前我国烟叶生产成本相对于大农业仍偏高,而且有上升趋势。

烟叶用工成本持续上升。据统计,目前烟叶生产亩均用工数量在26个左右,远超于津巴布韦的12.4个,我国70%以上的烟田集中在山地烟区,大部分农户用工在平均数以上,劳动力价格上涨迅猛,当前已上升到80.15元/天,用工成本已占烟叶生产成本的48.1%,成为影响烟农收益的首要因素。

土地租金成本攀升。当前农村土地流转呈现常态化,一些企业和个体经营主也逐渐进入农业生产经营领域,导致土地租赁需求升温,推动了土地租金攀升。目前,种烟土地租金平均在400元/亩左右,高的达到1000元/亩以上,并呈现逐年递增趋势,推高了烟叶生产土地成本。

规模化种植的经营管理成本较高。当前,大部分规模户种烟地块较为分散,户均地块5块以上,生产作业半径大,而且雇工多,管理难度大、成本高。同时,规模化带来用工数量增加,需要大量购买专业化服务,服务费用相应增加,增工不增效。

(二)合作社专业化服务能力不足

专业化服务体系初步建立,但服务环节不全、服务用工偏多、服务价格偏高,还不能满足烟农规模化种植的需要。

提供的专业化服务环节较少。当前合作社主要提供育苗、机耕、植保、烘烤、分级五个环节的专业化服务,做得比较好的是育苗、机耕、分级达到60%以上,用工多、风险大的烘烤环节,普遍缺乏有经验的烘烤师,仍然以技术指导为主,全包或包操作烘烤比例低,烟农仍需要自行烘烤或雇工烘烤。施肥、移栽、中耕等环节,也是用工最集中、最需要专业化服务的环节,但专业化服务仍处于起步阶段。

专业化服务成本高。当前合作社大型农机少、工序化作业不够、专业技能队伍人员不足,导致专业服务质量差、服务效率低、服务成本高。

专业服务能力不强。目前,烟农合作社多围绕行业补贴开展业务,多种经营等项目开展比较少,吸纳传统种烟农民成为专业化服务人员能力不强。

(三)烟农自身经营管理能力不足

要成为职业烟农,必须具备一定经营管理能力。目前,烟农自身经营管理能力还不足,年龄偏大,文化程度偏低,接受新理念、新技术能力不强。据统计,2015年,30岁以下的烟农占9.1%;50岁以上的占34.1%,中老年妇女比例较高,青壮男劳动力不足。学历方面,小学及以下学历的烟农占38.6%,大专及以上学历的占0.7%。部分种植大户适应市场能力不强,用工管理、成本控制水平不高,经营管理能力较差,管理粗放,生产经营水平不高。

(四)保障激励措施不足

烟叶易遭受冰雹、风灾、洪涝等自然灾害,还面临土壤退化和病虫害蔓延的风险,当前仅有云南、贵州、湖南、河南开展烟农种植保险,但也存在保险赔付率低、赔付时间长的问题。多数产区对职业烟农差异化扶持力度不够,扶持资金额度不大,主要从生产投入中开支,费用的来源、渠道、额度尚缺政策依据,缺少连续性政策支撑,对优化烟农队伍和职业烟农培育帮助较小。目前,开展试点的产区对职业烟农的扶持与传统烟农差别不明显,不足以吸引烟农职业化。

(五)培育机制尚不健全

当前除安徽、山东、贵州、四川、云南、陕西明确以省烟草专卖局(公司)名义出台职业烟农培育管理办法外,其他省份职业烟农培育大多停留在培育种植主体的层面,培育体系不够健全,主要存在以下三个方面的问题:一是职业烟农分类不明晰,多数产区是以种植规模为主要标准进行认证,认证标准过于单一,普遍缺乏对年龄结构、文化程度、种植水平、诚信程度等综合因素的认定。二是少数产区存在分类扶持政策把关不严,少数烟农存在为套取相关补贴进行捆绑种植的现象,导致户均种植规模"虚高"。三是职业烟农缺乏系统的培训,尤其是对职业烟农的经营管理能力的培训欠缺。

三、职业烟农培育的路径

实践证明,烟农稳,烟叶稳,则行业稳。培育职业烟农,既是立足当前我国烟农队伍变化以及对烟叶生产的不利影响,着力解决"谁来种烟"的现实需要,又是着眼长远深入推进现代烟草农业建设,稳定和壮大烟叶生产经营队伍,着力解决"怎么种烟"的战略要求。根据目前形势,结合产区培育职业烟农实际情况,就下一步加强职业烟农培育工作建议如下。

(一)总体思路

以优化烟农队伍、推动规模经营、增加烟农收入、满足工业需求为目标,以烟农等级评定为抓手,以烟农差异化服务为支撑,加快职业烟农队伍建设,大力培育一批综合素质高、生产经营能力强、主体作用发挥明显的职业烟农,着力构建以职业烟农为基础、烟农专业合作社为纽带、专业化服务为支撑的烟叶生产组织方式,促进烟叶生产平稳发展。建议"十三五"期间,培育户均种烟20亩以上的职业烟农30万户,户均种烟收入10万元左右,示范带动全国户均种烟规模进一步提升,达到15亩以上。

(二)推进措施与建议

1. 完善职业烟农评定管理体系

建议制定《职业烟农评定与管理办法》,统一评定标准、统一评定程序。以地市级烟草公司为评定主体,遵循"行业引导、烟农自愿、严格标准、动态管理"的原则,开展职业烟农评定,引导烟农向规模种植、集约经营、专业服务发展。

明确评定标准。职业烟农应具备以下条件:种植规模达到20亩以上,年龄在60周岁以下,连续种烟不少于3年,生产经营能力强,技术执行率高,合同履约率高,烟叶质量好,亩均售烟收入达到当地平均水平以上,无不良诚信记录及违反收购纪律的行为。

规范评定程序。按照烟农自愿申请、烟站初审、县级分公司初评、地市级公司评定、公示、建档等程序规范评定职业烟农,再从烟田准备、技术落实、收购情况、工作纪律四个方面对已通过认定的职业烟农进行星级划分,分为三、四、五星级。

开展差异化扶持。加大职业烟农政策扶持力度,优先保证生产收购计划,适度调增生产投入补贴标准,给予土地流转费、养老保险、医疗保险、人身意外伤害保险及子女上学奖励等政策,积极协调金融部门,开展信贷支持服务,扶持职业烟农发展烟叶生产,确保职业烟农有收入、有盼头、有保障。扶持政策要科学合理、循序渐进,不搞一刀切,不搞一步到位,防范和化解差异化扶持所引发的烟农潜在矛盾。

实施动态管理。每年收购结束后,基层烟草公司开展职业烟农评定,及时进行归类升降级管理。评定过程全程公开公示,并接受社会监督。对不再种烟的、年度评审不符合条件的、交售烟叶出现掺杂使假的、扰乱收购秩序的、违反烟草专卖法律法规的,取消职业烟农资格,两年内不得参加评定。

2.加强职业烟农引导与培训

目前正处于烟农分工、分业的关键时期,应加强分类指导和教育培训,培育一批职业烟农,分流一批烟农到合作社,科学优化烟农队伍。

加强分类指导。按照"帮扶大户、发展中户、转型小户"的原则,分类指导、分类管理、分类扶持,将20亩以上的适度规模种植大户评定为职业烟农,适度扩大10~19亩种烟专业户的种植规模,逐步培育成职业烟农。针对10亩以下传统种烟农民,发展潜力大的要引导提升种植规模,逐步培育成为职业烟农;零星种烟、经济效益不高的,要引导其放弃种烟,发展成为合作社专业化服务的产业工人。

加强职业教育。加强与中等职业教育中心、农业高等院校合作,做好职业烟农培育与职业教育衔接,全面提升职业烟农综合素质。

加强技能培训。通过印发资料、办学习班、现场交流、入户指导、远程教育、外出考察等培训方式,同时根据生产操作环节和技术落实薄弱环节,开展现场示范、技能比武等形式的技能训练,增加职业烟农参与培训的主动性。丰富培训内容,将单纯生产技术培训扩展到生产成本控制、生产管理、分工管理、效益核算、精益生产及相关政策法规知识培训。

3.营造良好培育环境

适度规模种植是职业烟农培育的前提,专业化服务、土地流转、设施装备、风险防范、精益生产是培育职业烟农的保障。

积极流转土地,推进规模种植。产区公司积极协调当地政府,依托村委会、县乡土地流转中心、土地股份合作社等,在统一规划种烟区域内,按照"依法、自愿、有偿"原则,组织开展集中整片土地长期流转服务,引导土地向职业烟农集中,促进烟田连片规模种植。探索以合作社为平台的社内土地流转机制,把闲置土地或农民种烟收益水平低的土地统一流转,再返租给职业烟农。探索"土地租金+收益分红"模式,降低职业烟农租地风险,提高农民出租土地的积极性。

促进减工降本。完善提升烟叶生产基础设施,重点是土地整理、机耕路和农机配置,加大烟叶生产机械化作业力度,提高劳动效率,减少人工投入,降低生产成本。坚持"种植在户、服务在社"发展方向,全面提升合作社建设水平,组建烟叶生产"全面、全程、全覆盖"专业化服务体系,特别是移栽、采收用工多以及植保、烘烤等技术性较高的环节,着力提高专业化服务质量,降低劳动强度,让职业烟农轻松种烟。加快推进烟叶生产农艺流程化、作业工序化、技术标准化、服务网格化,提高烟叶生产水平。

完善风险保障体系。加强与气象、水利、农业、保险等部门合作,大力建设烟田防灾减灾体系,积极推行烟叶种植风险防范救助和商业保险,健全烟叶种植风险保障机制。

创造尊重职业烟农的社会氛围。大力宣传职业烟农先进事迹,总结推广先进经验,对经营成效显著的职业烟农进行表彰和奖励,提高他们的社会地位。适度倾斜职业烟农生产投入补贴标准,重点用于专业化服务补贴。建议给予合作社土地流转平台建设补贴。明确职业烟农养老保险、医疗保险、人身意外伤害保险及子女上学奖励等资金列支渠道。

2016年12月

职业烟农培育土地流转的困境与出路[1]
——黄晓东、杜军、邰迎春、相智华

土地承包经营权流转(以下简称"土地流转")和适度规模经营是职业烟农培育的前提条件。近年来,土地流转作为烟叶规模化种植的实现方式,在我国广大烟区广泛兴起并呈加速发展态势,有效促进了烟区生产资源优化配置,有力推动了传统烟叶生产向现代烟草农业转变。

一、烟区土地流转的类型特点

我国各烟区经济社会发展水平不同,基本生产条件千差万别,烟农生产习惯和经营能力差异较大,各地紧密结合自身实际,依法积极探索创新,逐步形成了一些行之有效的土地流转模式。根据土地流转组织者和流转收益实现形式,我国烟区土地流转大致可分为以下四种类型。

(1)农户间自发转包或租赁流转模式。这是起步最早、操作最简便的土地流转模式,也是完全自主协商、市场定价的土地流转模式。烟农根据自家生产经营能力,把其他农户承包的土地转包或者租赁过来,扩大种植规模。这种模式适宜种烟大户,在各地都普遍存在。

(2)政府或村委会统一组织流转模式。包括两种实现方式,一种是地方政府通过农业经管站或者设立土地流转中心等服务组织,为土地供求双方提供信息交流、合同鉴证、纠纷调处等中介服务,促成土地顺利流转。另一

---

[1] 本篇借鉴了衡丙权《对当前我国烟区土地流转的认识与思考》,中国烟草,2015年4月14日的研究成果,在此表示感谢!

种是政府指导村委会，由村委会直接组织协调供需双方进行土地流转交易，或者由村委会根据烟叶种植户的需求，统一从农户手中租赁土地，再与烟叶种植户签订土地流转合同。

（3）烟叶生产专业合作社组织流转模式。当前，多数烟区相继建立了烤烟生产专业合作社，合作社根据生产情况划定烟叶生产区域，对规划片内的土地实行统一管理，规划片内的农户根据各自实际，实行以"土地+资金"或"土地+劳动力"入股的形式进行土地流转。这是一种风险共担、利润共享的集体股份制土地流转模式。

（4）烟草公司集中流转整合农民土地模式。这种模式从性质上说属于工商企业资本下乡，成片租赁农民土地进行规模化经营。湖北恩施州望城坡现代烟草农业示范区采取的就是这种土地集中流转模式。按照依法自愿有偿公开原则，依托政府和基层村级组织逐户协商，望城坡区域内的土地和森林全部以每亩一定的价格、一定的期限租赁给烟草企业，统一规划、统一开发、统筹经营，并且通过公司化集中种植、专业农场、专业户承包、技术员领办农场、农户家庭参与种植等五种烟叶生产组织模式，实现了统分结合、集约化经营的运作模式。

二、烟区土地流转的发展现状

随着农村劳动力外出务工的不断增多，农业生产要素价格持续上涨，粮食收购价格逐年提高，以及其他经济作物快速发展，迫使"小农生产、分散种植、粗放经营、人畜作业"的传统烟叶生产方式必须向以"一基四化"为主要特征的现代烟草农业转变，带动了土地流转规模的快速扩张、户均种植面积的大幅提高。

伴随着土地流转规模的迅速扩张，不同地区之间的差异也开始显现。受各地经济社会发展水平、人均耕地面积、烟区地形地貌、种烟比较效益及地方政府支持力度等影响，各烟区之间在土地流转比例方面差异比较大，总体上表现为东部地区高于中西部，平原和坝区高于丘陵和山区。比如2014年，湖北省种烟59.49万亩，其中流转土地12.61万亩，占种烟面积的21.2%；

湖南省种烟133.20万亩，其中流转土地65.66万亩，占种烟面积的49.3%。又比如山东潍坊烟区土地流转比例已经超过80%，而西部的云南曲靖烟区2014年土地流转面积占全部烟田比例仅为7.31%。

在当前烟区实现土地流转的过程中，依托烟田基础设施建设，烟草和政府部门共同推动至关重要。自2005年以来，烟草行业按照工业反哺农业、建设社会主义新农村的要求，累计投入965亿元，不断加强烟叶生产基础设施建设，对烟田水利、道路、烤房、烟用机械等进行配套和完善，大规模推进土地整理，改善了烟区生产经营条件，提高了烟农扩大种烟面积的积极性，促进了种烟大户、家庭农场和烟农合作社等新型生产组织的发展。同时，地方政府落实中央政策，积极推动土地流转，并从资金扶持、中介服务、纠纷调解等多个方面为烟区土地流转创造有利条件。

如在山东烟区，一些地方政府专门下发了关于搞好土地流转、促进规模经营的文件，积极与烟草部门协调土地事宜。诸城市辛兴镇2008年就挂牌成立了土地流转服务中心，把待流转土地和农民承租需求信息纳入信息系统，建立信息交流平台。又如在湖北十堰市金岭、擂鼓、枣园烟草示范园，当地政府以旱地200元/亩、水田300元/亩的租金，租用集体土地为外地烟农提供免费种烟土地，吸引外地优秀烟农。

三、烟区土地流转中的矛盾问题

当前我国烟区的土地流转仍处在起步阶段，面临一些比较突出的矛盾和问题，需要在发展中继续探索、创新和规范。

如何做到适度规模经营是当前我国烟区土地流转不可回避的问题。规模化种植是现代烟草农业的核心内容，土地流转是实现规模化种植的重要途径，但我国农村生产力整体水平还较为落后，人均占有耕地面积小，并且在相当长的时期内，土地依然是具有社会保障功能、农民赖以生存的基本生产和生活资料，这种基本国情决定了农村土地经营权的流转和集中必然是一个不平衡的、渐进的长期过程。对行业而言，目前我国烟叶库存压力过大，烟叶种植和收购规模需要在一段时间内逐步缩减，因此，烟区土地流转必须符合和服从保持烟草行业持续健康发展的整体目标需要,避免盲目加快推进土地流转影响行业可持续发展,给烟农带来损失。

完善的土地流转服务组织对加强土地流转的管理和服务,保障土地流转当事人的合法权益,推动农村土地流转健康规范有序的发展起着重要作用。当前我国土地流转服务组织建设滞后,服务能力不足,不少地方由于对建立服务组织和提高服务能力的认识不够,没有设立基层土地流转服务组织和信息交流平台,或虽然设有但缺乏专业人员和经费保障,难以适应土地流转快速发展的需要。

与此同时,部分基层单位法治意识淡薄,强制流转现象时有发生。依法自愿有偿是农村土地承包经营权有序流转所必须坚持的基本原则,但有些地方的土地统一流转看似村民自愿,实则是村或组领导干部利用职权强制村民统一进行流转,这不仅损害土地流出方的合法权益,也不利于土地流入方开展持续性的生产经营。

此外,土地流转费用不断提高,也影响了土地流入方的积极性。合理的流转费用能够保障土地流出方的利益,但随着烟叶收购价格不断提高使得宜烟土地价值上升,土地流出方希望分享更多收益,土地流转费用水涨船高,比如租金与通胀挂钩,以粮食作价的实物租金越来越多。土地流转周期偏短,影响烟叶生产稳定。当前大部分土地的流转在三年以内,周期短造成烟叶种植户缺乏长远规划和投入,不利于提高烟田生产力,影响落实烟田面积。

四、对策措施

我国广大烟区情况千差万别,确定适度规模的标准,应坚持从实际出发,分类指导。要遵循党中央、国务院《关于引导农村土地经营权有序流转发展农业适度规模经营的意见》规定的"土地经营规模相当于当地户均承包地面积10至15倍、务农收入相当于当地二三产业务工收入"的重点扶持标准,遵循"三个相适应",充分考虑各地自然经济条件、农村劳动力转移程度、农业机械化和社会化服务水平等因素,因地制宜确定本地区土地流转目标和适度规模标准。

要坚持家庭承包经营为基础、统分结合的双层经营体制。土地承包经营权流转是家庭联产承包经营制度的延伸和发展,保持土地承包性质不变,是推动土地流转、发展适度规模经营的前提和基础。确保流转土地真正用于烟叶生产,不改变承包土地的农业用途,不破坏农业综合生产能力。

要统筹考虑单户规模扩大和烟叶质量提升的平衡、提高劳动生产率和土地生产率的平衡以及效率和公平的平衡,既要鼓励规模化种植,也要提升精细化种植;既要积极推动土地流转,又要防止土地过度集中,人为"垒大户",避免烟叶生产补贴等只惠及少数人。

土地流转能够发生,主要是烟农或其他新型种植主体觉得扩大种烟规模有可观收益,土地转出方觉得出让土地收益符合预期,双方有利益契合点,本质上属于利益导向的市场行为。依法承包土地、流转土地是农民的核心权益,土地是否流转、价格如何确定、形式如何选择,均应当由承包农户自主决定,不能搞强迫命令,不能搞盲目指挥,要让农民成为土地适度规模经营的积极参与者和真正受益者。因此,烟草部门应认清其在土地流转中的功能定位,不能越位和替代。

烟草部门应该定位于引导者、支持者和推动者,突出扶持和服务功能。通过统一规划和稳定基本烟田,调整优化烟叶种植结构,引导烟叶生产向优质产区、宜烟土地转移,从而给烟农以稳定明确的预期,主动推进土地流转,并通过新增项目定向建设和提升原有项目,加强基地单元建设和土地整理,提升土地生产能力和土地经营价值,增强烟区可持续发展能力。

当前,以专业大户、家庭农场和专业合作社为主的新型烟叶生产经营主体日益活跃,这些新型经营主体本身都有较为强烈的土地流转需求。因此,行业应该加大培育职业烟农力度,培育规模种植主体,加大产前基本投入补贴、烟草农业机械购置补贴以及加强生产技术服务等政策倾斜,为烟区土地流转注入动力。

在此基础上,基层烟站和技术服务人员应该主动了解烟叶种植主体的生产需求,包括土地需求,与政府部门和村委会形成促进土地流转的合力,烟草公司也可以审慎探索作为土地流入方出现,直接介入土地流转,如湖北恩施州望城坡现代烟草农业示范区。

不仅如此,随着烟区土地流转规模不断扩大,烟草行业除了要切实支持好、利用好这一发展势头,更要以国家法律法规和有关政策为准绳,联合有关部门,切实引导好、规范好烟区土地流转。

行业应加强与政府的协调沟通,积极推动土地流转服务中介组织建设,逐步建立和完善农村土地流转服务机构。规范土地流转程序,督促指导土地流转双方依法签订规范的流转合同,维护流转双方合法权益。

2016年12月

第三部分

典型案例

打造"两个主体"
开创山地烟区现代烟草农业建设新局面
——职业烟农培育的重庆实践

——徐宸、田凤进、戴成宗、唐勇、郭保银

重庆,作为典型的山地烟区,全市人均耕地面积仅1.12亩,烟区人均耕地2.05亩,土地分散,地势起伏,土层偏薄,在这样的条件下,如何发展现代烟草农业,一直是困扰重庆烟叶人的难题。近年来,重庆烟草商业系统大力推进烟区基础设施建设,改善烟区生产生活条件,着力培育适度规模种植主体,创新发展专业服务主体,逐步走出了一条山地烟区依靠规模种植和专业服务实现烟叶产业可持续发展的道路。

一、着力培育种植主体,推动烟叶生产适度规模种植

重庆烟叶种植主要集中在渝东南武陵山区和渝东北三峡库区,共涉及12个产烟区县。其中,30万担(1担=100斤)以上区县1个,10万担以上区县9个,烟区海拔普遍在800~1200米。自现代烟草农业建设开展以来,重庆市烟草专卖局(以下简称"重庆烟草")即把培育规模主体、推动山地烟区适度规模化种植作为重要课题来研究、试验、示范,重点培育30亩以上、种烟收入占家庭收入65%以上的种植主体,出台优惠政策,加大培育力度,规模种植主体培育成效显著。

截至2015年,全市共落实176个种烟乡、801个种烟村、2546个种植单元、19990户烟农,烟农户均规模29.89亩,相比2008年的10.45亩增加19.44亩,

年均增加2.78亩,稳居全国第四、西南烟区首位。40亩以上种植主体4804户,种植面积27.95万亩,占全市烟草种植总面积的45%,适度规模主体已经成为重庆烟叶生产的主流力量。全市烟农户均收入7.19万元,超出行业平均水平3.04万元[①],超出重庆农村户均收入2.90万元,10万元以上的烟农3684户,占烟农总数的19.1%。全市基本形成以烟为主、收入可观、结构合理、种植稳定的职业烟农队伍。重庆市2008—2015年烟叶户均规模变化如图3-1所示。

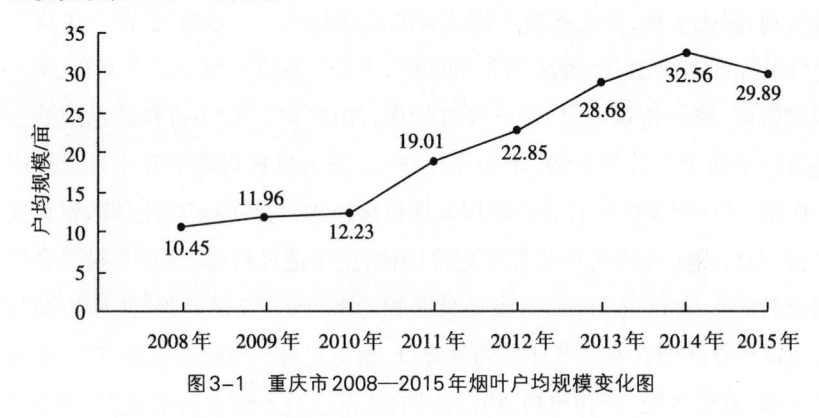

图3-1 重庆市2008—2015年烟叶户均规模变化图

(一)强化政策引导,推行"五个优先""五项扶持"

自2010年开始,重庆每年把40亩以上规模种植主体作为重点工作、核心工作写入全市烟叶生产工作意见,制定明细指标,出台具体措施,推动有序发展。一是实行"五个优先"。全市明确出台优先保证大户合同签订、优先满足大户物资需求、优先安排大户设施配套、优先保障大户救灾补贴、优先开展大户技术培训等差异化措施,引导烟农发展生产,壮大规模,凸显效应,形成良好的带动效应。二是出台"五项扶持"。重庆市烟草专卖局与重庆市扶贫开发办公室联合出台《关于发展现代烟草扶贫产业加快贫困地区脱贫致富的实施意见》(渝扶办发〔2012〕140号),重点帮助和扶持烟农扩大种植规模,并提供连续3年以上的小额信贷。积极争取工商部门优惠政策,把40亩以上的大户纳入微型企业范畴,享受相应优惠政策。产区政府针对

[①] 注:其中,行业平均水平数据来自国家烟草专卖局何泽华副局长讲话材料,重庆市户均收入来自重庆市统计局公布数据。

规模大户,由烟办、扶贫办等部门协调,针对规模大户提供300~500元/亩贴息贷款,对种烟大户每户5000~25000元不等奖励或1元/斤补贴。全市重点打造55个万担乡、500个千担村、5000个百担户,针对百担户试点免费供应烟苗、享受免分直收、推选优秀烟农等扶持政策。

(二)破解土地难题,落实"两个主体""两项机制"

针对重庆山地烟区土地细碎、地势起伏、流转不畅的难题,重庆烟草创新机制,强化主体,着力破解土地流转的瓶颈制约。一是做实"两个主体"。充分发挥合作社在组织烟农方面的职能,由合作社进行统一信息发布、统一沟通协调、统一协议签订、统一进行担保,2012年以后,由合作社组织的土地流转呈逐年上升的趋势,年均提升15%。充分发挥村委会在土地流转中的作用,把计划安排与村委会作用发挥直接挂钩,与村内规模主体数量直接挂钩,与村内土地流转规范程度直接挂钩,全市通过村委会组织、村委会协调流转的土地18.66万亩,占流转总面积的30.2%。二是完善"两项机制"。全市以建立新型农业经营体系为突破口,着力完善土地流转机制,在土地流转主体、流转年限、流转价格、纠纷协调、规范运行方面进行了试点,积累了宝贵经验。全市累计投入资金2.35亿元,探索"大集中、小连片"的新型土地整理机制,共实施土地整理7.54万亩,占种植面积的13.7%,大大改善了烟田耕作条件和连片度,推动了土地流转。

(三)破解用工难题,抓好"两个手段""三个环节"

近年来,重庆烟区经济快速发展,人口加速转移,产业深度调整,规模种植成为可能的同时,"用工荒""用工贵"也成为新常态,给规模种植带来用工挑战。一是用好"两个手段"。充分利用好烟农专业合作社平台,由合作社开展专业化育苗覆盖率达94.1%,机耕46.4%,植保38.1%,烘烤32.3%,分级63.9%,将用工量较多、劳动强度大、技术要求高的环节剥离出来,有效破解了用工难题。充分利用好全程机械化手段,全市共投入1.07亿元,配套各类农机具1.3万台(套),并结合土地状况,创新划分一、二、三类土地,分别确定主推机型和作业功率,通过"人机替代",进一步降低用工要求。二是抓好

"三个环节"。全市重点在机耕、烘烤、分级三个环节，聚焦"问题"，找准"突破点"，下"狠功夫"。自主研发"山地深耕机"，耕作深度达到30厘米以上，有效破解山区机械作业难、深耕难问题；全国首创并大面积推广"采烤分一体化"，6座以上集群烤房实现全部覆盖；专业化分级散叶收购达到121万担，占全市收购量的79.4%。

（四）优化烟农队伍，建立"两个体系""三项培训"

据统计，全市19990户烟农中，40岁以上的占75.9%，50岁以上的占36.2%，具备高中及以上学历的仅占7.57%。年龄老化、学历偏低、素质较低、观念滞后，这些因素严重制约了产业的持续发展。重庆烟草商业系统以职业烟农队伍建设为抓手，优化烟农队伍，建立保障机制，推动持续发展。一是建立"两个体系"。市局（公司）2012年开始，即在奉节、巫溪开展职业烟农试点认证工作，建立职业烟农评定体系，以种植规模、标准化落实、烟叶交售、田块规划、履约情况、烤房维护6类指标21个细项将烟农分为五星、四星、三星三个等级，并对五星烟农给予优先签订合同、免费供应烟苗、优先更换烤房设备、免分直收、推荐参选优秀科技烟农等优惠政策。对四星烟农给予优先签订合同、半价供应烟苗等优惠政策。重庆烟草商业系统承担国家烟草专卖局"职业烟农分类标准、培育机制及评定办法研究"课题，制定《职业烟农培育评定办法（试行）》，并在全市推行。二是加大培训力度。重庆烟草商业系统与市农委、区县烟办、区县劳动保障部门、区县广电部门合作，切实加大培训力度，每年定期对规模大户、职业烟农进行培训，对烟农烘烤师、机耕手等进行培训认证，开展200余户烟农远程教育培训。

（五）完善风险防范，探索"一个基金""一个保险"

完善风险防范机制，保护烟农利益，是实现烟农安心种烟、烟叶持续稳定发展的有力保障。一是建立烟叶风险保障基金。重庆烟草商业系统每年从生产投入中专项列支20元/亩左右，建立烟叶风险保障基金，重点用于烟叶自然灾害救助。各产烟区县政府，尤其是彭水、巫山、酉阳等种烟大县，每年从县级财政收入中列支一部分资金，用于灾害救助、大户补贴等。部分对口工业企业也加大扶持,用于主体培育及风险防范。二是探索烟叶种植保险。2007年,重庆烟草商业系统投入800万元,与中华联合财产保险公司合作,探索"保险公司+龙头企业+分散农户"经营模式。2015年,重庆烟草商业系统又专项列支1200余万元,探索烟叶政策性保险。部分区县由烟草公司和政府配套10元/亩,烟农自筹2元/亩购买风灾保险。

二、创新发展服务主体,切实提升烟叶生产服务水平

正是因为重庆烟草一以贯之地发展适度规模种植主体,烟叶生产的户均规模才得以本质提升,专业服务的市场需求才得以真实体现,合作社发展的必要性才得以真正凸显,减工降本、提质增效的成效才得以有效呈现。从发展的历程来看,重庆的合作社发展起步较晚,但发展的后劲很足、潜力很大、效果很好。

截至2015年,全市共组建61家综合服务型烟农专业合作社,烟农入社总数达1.76万户,占全市烟农总数的86.2%;由合作社开展的专业化育苗覆盖率94.1%,机耕46.4%,植保38.1%,烘烤32.3%,分级63.9%;开展农家肥堆沤4.11万吨,亩施100公斤覆盖比例达67.13%,开展采烤分一体化覆盖率10%,6座以上集群烤房全面覆盖;合作社全面覆盖区域亩均用工20.5个,其中雇工及自用工11.4个,专业化服务用工9.1个,大面积生产亩均用工为27.0个,接受合作社专业化服务可节约用工6.5个,节约用工成本650元/亩;同时,育苗、机耕、植保、烘烤等环节合作社服务价格普遍比请工价格低5%左右,扣除物资、用工上涨,节约用工200元左右。合作社组织烟农、专业服务、技术推广的功能有效发挥。

(一)突出政策攻关,"五项扶持"呈现"组合效应"

全市充分发挥行业对合作社建设的引导、服务、扶持功能,出台各项扶持政策,推动合作社建设"理念提升快、变化进步大、合作社政策攻关全国领先"。一是出台专业服务专项补贴。从2013年开始,连续两年从生产投入中分别列支50元/亩、70元/亩,投入总额0.7亿元,专项用于支持合作社专业化服务开展,补贴环节涉及育苗、机耕、起垄、烘烤、分级、运输各个环节。

二是出台示范社奖励。全市对法人治理结构健全、内部管理制度完善的合作社给予10万元/社启动资金扶持,通过示范社评选的奖励10万元/社,达标社5万元/社,共兑现415万元。三是落实各类项目扶持。全市将农家肥集中堆沤、不适用烟叶处理池修建、烤炉更换、部分科技项目、部分物资配送等交由合作社承担,增强合作社造血功能。四是落实合作社税收优惠。与市法制办、市国税局、市地税局等部门协同,切实解决了合作社税收减免问题。五是落实专人帮扶指导机制。全市建立行业示范社建设领导"一对一"挂靠机制,整合财务科、审计办、标准化体系建设部门对口指导和帮扶合作社处理财务管理、运行管理、痕迹档案建设等工作。

(二)突出规范运营,"四项规范"确保"资金安全"

合作社建设涉及面广,生产链条长,时间跨度大,投入资金多,政府和社会关注度高,规范是合作社发展的"生命线",也是行业持续补贴、扶持合作社的"底线"。一是规范建设标准。建设之初就加强顶层设计,制定下发《合作社建设指导意见》《合作社建设规范》《示范社创建及评价办法》等系列文件,完善合作社"三会一经理"治理结构,规范合作社权利义务、组织机构、资产管理、业务管理、财务管理、盈余分配、多元产业等。二是规范管理制度。根据本地实际因地制宜完善合作社章程,充分发挥章程"小宪法"作用。建立完善合作社股权管理、决策议事、财务管理、服务定价、盈余分配等关键管理制度,形成照章办事、依制运行的工作习惯。三是规范财务管理。全市制定下发《烟农专业合作社财务管理制度》,统一设置财务会计核算科目,统一设计会计凭证、财务账簿、资产台账、收支单据,细化示范社财务报销流程、审核权限、报销标准,规范示范社会计核算程序和财务收支记录。四是规范财务审计。2013年以来,市局(公司)每年对全市所有合作社进行专项审计,形成全市合作社审计报告并及时下发,按期整改,严肃纪律。

(三)坚持市场导向,"能人引领"凸显"示范带动"

全市合作社建设始终坚持市场化导向,遵循市场定价、适度让利、扁平管理等基本原则,凸显能人引领、示范带动,提高合作社内生能力和盈利水平。一是能人带动、科学定价。合作社均把选好能人、用好能人、科学定价作为合作社重要工作,引进职业经理人183名,其中,返乡能人40人,大学生村官11人,行业职工15人,职业经理人平均年薪为4.12万元,高于当地平均水平;服务定价普遍低于市场价5%,但高于当地平均水平。全市61家合作社中,60家实现盈利或保本经营,比例占98.4%。共盈利3350.8万元,社均盈利为54.9万元,盈利最高的为150万元。二是示范带动、典型引领。全市构建"行业—市级—区县"三级示范社创新机制,根据烟叶基地单元规划、烟区布局、规模化种植水平、基础设施配套、核心展示区建设等科学规划,分步实施,有先有后,形成梯次配置,共创建7个行业示范社、13个市级示范社、12个市级达标社,涌现出如彭水喜润、彭水昌辉、奉节金醇等一批获得省级"龙头企业"荣誉的合作社,示范社内涌现出"全国劳动模范"谭登林(丰都武平合作社经理)等一批优秀办社精英。

(四)发挥三项职能,"精准作业"助推"减工降本"

全市充分发挥合作社组织烟农、专业服务、技术推广三项职能,深度拓展作业方式创新,推行精益生产、工位作业,切实推动减工降本、提质增效。一是发挥三项职能。明确由合作社组织烟农统一耕作制度、统一土地流转、统一技术培训、统一用工管理;推进育苗、机耕、植保、烘烤、分级、移栽、施肥、采收、运输"5+4"专业服务,创新育苗移栽一体化、采烤一体化等新型服务模式;推动由合作社集中推广壮苗培育、小苗移栽、农家肥集中堆沤、采烤分一体化、专分散收等先进适用技术。二是推行精准作业。全市将合作社作为精益生产中"精准作业"的主要承担主体,在育苗、烘烤、分级3个工场,机耕起垄、移栽、施肥、植保4个环节推行工序化生产、工位制作业,细化操作工序、操作工位、操作工时、考核标准,移栽节约1/4劳动时间,机械化打孔效率提高2倍以上,烘烤成本降低10%~15%。

(五)推进信息管理,"信息系统"配套"电子结算"

从2013年开始,重庆烟草以福建中软海晟公司为技术依托单位,按照"规划引导—扶持帮助—监督管控—测评改进"(PDCA循环)思路,自主开发"重庆市烟农专业合作社管理信息系统",完善合作社的社员管理、资产管理、服务协议、作业流程、派工管理、财务结算、盈余分配等,实现合作社人、财、物、事的规范管理。2015年,"重庆市烟农专业合作社管理信息系统"已实现所有国家烟草专卖局基地单元合作社全面覆盖,2016年预期将全面覆盖。同时,从2015年开始,市局(公司)在合作社系统的基础上,进一步拓展专用财务管理、会计核算模块,推行电子结算,合作社信息化、电子化运行将全面覆盖。

三、仍然存在的一些问题

作为典型的山地烟区,重庆在规模主体、服务主体培育方面取得了显著的成效,基本形成了以烟叶基地单元为平台、以烟区道路为纽带、以集中连片区域为节点、以适度规模主体为骨干、以合作社专业服务为抓手的"珍珠项链式"山地烟区现代烟草农业建设格局。

但同时,我们也应该清醒地认识到,当前重庆山地烟区土地细碎、土壤酸化、机械作业难等问题尚未得到根本解决,烟农队伍老化、年龄结构断层、户均规模虚高、土地流转不畅、丰进灾退频发等现象仍然普遍存在,合作社服务需求不旺、运营管理不规范、财务制度不健全、内生动力不足、用工成本激增等问题愈发凸显,制约产业转型升级和持续发展,这些问题亟待我们今后在工作中认真加以解决!

四、下一阶段努力的方向

下一阶段,全市将继续加大力度,打造两个主体,实现烟叶生产由分散种植向集中连片种植转变,由适度规模种植主体向职业烟农转变,合作社由"弱社散社"向"强社大社"转变,推动服务覆盖由村乡覆盖、核心展示区覆盖向全面服务、全体受益升级,促进减工降本、提质增效。

(一)打造"百千万"工程,由分散种植向集中种植转变

从2015年开始,全市将用两年时间,逐步取消500亩以下的乡镇、死烟较多区域、土壤酸化严重区域、设施配套不具备区域的烟叶种植计划,集中

打造55个万担乡、500个千担村、5000个百担户"百千万"工程,把烟叶生产集中到烟叶基地单元、集中连片区域、设施配套区域、优势种植区域、规模种植区域。充分发挥合作社在土地流转信息发布、沟通协调、流转中介等方面的主体功能,试点探索土地股份合作社,烟农以土地承包经营权折价入股,合作社对土地进行统一耕种,农户除劳动收益外,还可享受土地股份分红。同时,依托新型农业经营体系建设,出台扶持政策,建立健全土地流转机制,规范土地流转主体、流转年限、流转价格、纠纷协调等,推动土地有序流转。

(二)强化烟农培育与认证,由规模主体向职业烟农转变

全市将把40亩以上、种烟收入占家庭收入65%以上的烟农作为职业烟农培育认证的重点,建立职业烟农分类标准、培育机制及评定办法,对职业烟农评定的指标、分值、权重进行科学论证,并依据体系对烟农进行认证。同时,对烟农进行分级分类扶持,根据烟农认证结果,从生产投入、计划安排、合同签订、物资配送、专业服务、土地流转、信用贷款、种植保险、灾害救助、荣誉奖励等方面进行差异化扶持,集中打造5000户以百担户为主体的职业烟农,实现职业烟农种植面积占全市种植面积的50%以上。继续完善培训机制,加大培训力度,提升烟农队伍素质和能力水平。

(三)加大整顿与整合力度,由弱社散社向强社大社转变

全市将按照"一个基地单元一个合作社"的标准,引导61家合作社整合为36家,烟农入社率达到95%以上,烟农入股率达到90%以上。重点以财务管理规范为主要抓手,集中出台《合作社财务收支指导意见》《合作社会计核算管理资料》《合作社专业化服务补贴管理办法》,完善合作社财务管理,明细合作社账务处理,规范合作社补贴管理。进一步建立完善职业经理人的引进机制、薪酬待遇,遵循市场化原则,提升合作社的管理水平。加大对合作社的财务扶持力度,由区县单位调剂财务人员,帮助加强和规范合作社财务管理,直到合作社专职财务人员配备到位为止。继续加大合作社审计力度,每年对合作社财务情况进行专项审计,出具专业审计报告,要求限期整改,并与下一阶段、下一年度补贴发放直接挂钩。

2015年12月

深化队伍建设 促进转型发展
——职业烟农培育的安徽皖南实践

——王道支、杜军、邰迎春、相智华

皖南烟区地处皖东南,毗邻苏、浙、沪,区位经济优势明显,烟叶种植比较效益不明显,经过多年探索,皖南烟叶公司将职业化烟农队伍建设作为手段,不断提升户均规模,提高种烟效益,探索出在经济较为发达地区烟叶平稳健康发展的新路子。

一、安徽皖南职业烟农队伍建设历程

(一)初建阶段(2005—2008年)

皖南烟区初期户均面积仅为12.5亩,规模不足5万亩,从事烟叶种植的农户较少,且队伍极不稳定。对此,皖南烟区提出培养"职业化烟农"的策略,明确基本条件、福利待遇,规范认证流程,这在很大程度上稳定了烟农队伍。同时,建立烟农学校,组织开展烟叶生产各环节技术培训,提高职业化烟农技术技能水平。截至2008年,累计举办各类培训近3000场次,选聘职业化烟农402人。

(二)发展阶段(2009—2011年)

探索开展专业化服务和土地流转服务,进一步满足烟农规模化生产需求,逐步壮大职业化烟农队伍。截至2011年,共选聘职业化烟农819人,户均规模50.7亩。

(三)规范提升(2012年至今)

随着现代烟草农业建设的推进,安徽烟叶将职业化烟农按照种烟年限、年龄结构、诚信度、技术管理水平、经营规模等划分为普通职业化烟农、专业大户、家庭农场主三大类,并配套户内管理、诚信管理和动态管理等措施,进一步规范并保障了职业化烟农队伍的成长提升。2015年共认证职业化烟农1195名(其中普通职业化烟农387名、专业大户717名、家庭农场主91名),占烟农总数的55%;种植面积占全区种植面积的67%,户均90亩。

二、安徽皖南职业烟农培育的主要措施

(一)规范职业化烟农认证选拔

研究制定生产经营型职业烟农评定管理办法,逐步完善管理措施,指导开展职业化烟农选拔认证工作。

1. 明确认证选拔标准

遵循"行业引导、烟农自愿、严格标准、动态管理"的原则,按照"以烟为主、有文化、懂技术、会经营、善管理、守诚信"的标准筛选,具体分为诚信、技能、综合知识3个维度。其中,诚信标准包括合同履约率、等级结构比例、关键技术到位率、烟叶交售纯度、预约交售、违法违规次数6项指标;技能标准包括对烟叶栽培、烘烤、分级和机械操作4项技能鉴定;综合知识标准包括生态维护、专业化服务、扶持政策和管理技能4类知识掌握情况。

2. 规范认证流程

按照"统一流程、分类认证"的原则,由烟站严格按照"启动、申请、初审、初评、公示、建档"的6个流程,每年组织一次认证考试,根据成绩授予烟农相应资格。

(二)持续开展职业化烟农培训

制定职业化烟农培训管理办法,加强职业化烟农技能培训实施细则和服务动员培训会工作规范,规范开展培训工作。

1. 建立培训基地

与地方职业技术学院合作成立培训基地，与乡村联合兴办烟农学校40所，配套投影仪和音响设备，建设培训阵地，夯实培训基础。

2. 拓展培训内容，创新培训方式，提高培训效果

制定培训教材，培训内容从技术培训拓展到合作社建设、专业化服务组织、农机维保等多个领域；培训方式从理论教学拓展为策略研讨、工前训练、技能比武等多种形式。

3. 规范培训管理

将职业化烟农培训分为3个等级，实行分级培训、分类管理，并按照"定时间、定地点、定讲师、定内容"培训四定要求组织开展，满足不同类型职业化烟农对培训的需求。平均每年培训2万人次以上，烟农出勤率95%以上。

（三）加强职业化烟农的动态管理。

每年度对职业化烟农进行年审考评，淘汰不符合者，表彰奖励优秀者，实现职业化烟农队伍动态管理。

1. 加强烟农的诚信管理

按照烟农和公司分别承担10元/担和15元/担的标准建立诚信基金，烟站每年度围绕诚信的6项指标在生产和收购两个阶段组织开展诚信烟农考评工作，依据考核结果，兑现诚信基金，并将诚信结果记录在烟农档案，从而引导烟农诚信生产、诚信售烟，严格落实各项生产技术。2014年度参与诚信烟农考评的1626户烟农中，优秀17%、良好50%、合格20%、基本合格11%、不合格2%。

2. 加强烟农的动态管理

每年度围绕产品质量结构、专业化服务、诚信管理、户内管理、生态维护五个方面的指标，对职业化烟农进行年度考核，并依据考评结果划分优秀、合格、不合格三种类型。年度考核为优秀的普通职业化烟农在基本条件满足的前提下可免试晋升为专业大户；年度考核为优秀的专业大户、家庭农场主给予一定物质奖励。年度考核中发现违禁行为的予以降级或撤销资格处理。近年来平均淘汰率为5%左右。

(四)配套提供各项服务

1.提供技术服务

成立合作社烟农服务部,为辖区烟农提供24小时保姆式技术指导服务,提高技术落实质量;同时拓展技术服务内容,以烟叶技术服务为主,联合当地农委和水稻专家,为烟农提供多元化经营的技术服务,增加烟农收入。

2.提供土地流转服务

在适宜特色烟生产的区域,以村委会为流转主体,将农户手中的土地经营权按照12年期限集中委托给村委会流转至烟草公司,烟草公司集中发包至烟农,减少土地流转的阻力和协调难度,解决烟农土地不稳定的问题。租金按照"300斤/亩中籼稻国家保护价折算成现金,每三年核定一次"的计量方式,有效保障烟农的利益。截至2015年已长期集中流转土地9万亩。

3.提供户内管理服务

协助做好生产管理。帮助烟农确定年度生产计划,合理规划烟稻轮作;在烟叶生产的重点环节,围绕人员组织、物资准备、机械配置等具体工作,制订月度生产计划,并细化至周、日;根据天气以及客观因素,随时对计划调整,针对突发性恶劣天气做好各类突发情况的应急预案;同时,协助农场主或专业大户监督管理物资采购、机械配备等。协助做好多元化经营管理。帮助烟农充分利用基础设施,开展多元化经营种植,引导种植新品种,推广新技术,合作社组织烟农按照订单进行生产和销售,保证烟农增收;同时,帮助烟农建立财务账簿,做好核算。

(五)建立职业化烟农政策保障体系

1.建立基础福利待遇政策

在统筹用好国家补贴政策的同时,按照人均每年800~1300元标准,为职业化烟农配套养老保险、意外伤害险、子女上学奖励等一系列"准职工"福利待遇,增强其对身份的认同感和自豪感,营造尊重职业烟农的良好社会舆论氛围。2015年度补贴18万元为职业化烟农购置保险。

2. 提供补贴政策

对规模户优质烟给予每担50元的补贴,在国家烟草专卖局专业化服务补贴政策的基础上对50亩以上的规模户给予1500~3000元的用工补贴,引领职业化烟农重视规模化种植。建立风险保障基金。为有效降低烟农种植风险,弥补烟农因各种自然灾害所导致的直接经济损失,联合市县政府,建立烟叶生产灾害保障基金,最高补贴标准600元/亩,专门用于烟叶灾害救助。联合政府、烟农,共同购买烟叶种植商业保险,对遭受冰雹、洪水、内涝、干旱和病虫等自然灾害直接造成的烟叶损失进行赔付。2015年,安徽烟叶共有8万多亩烟田入保,占总种植面积的54%;6万余亩烟田可享受灾害保障基金。

三、安徽皖南职业烟农培育的主要成效

职业化烟农队伍的稳定发展,为合作社提供了具有较高经营管理水平的社员,也为构建新型烟草农业经营体系培育了市场主体。其成效具体表现在以下方面。

1. 户均规模显著提升

烟区户均种植规模由12.5亩提高到现今的70亩,职业化烟农的种植规模由14亩提高到现今的90亩,职业化烟农户均规模增速明显并始终高于烟区平均水平,带动了烟区规模化发展。

2. 烟农队伍趋于稳定

随着烟区对职业化烟农队伍建设培养的力度加强,职业化烟农始终保持在烟农总数的55%以上,队伍总体趋于稳定;且职业化烟农队伍总体平均年龄为45.6周岁,较非职业化烟农年龄低近3岁,队伍年轻化在一定程度上增强了种植稳定性。

3. 户均种烟效益提高

职业化烟农初中以上文化程度高于非职业化烟农14个百分点,对先进生产理念和方式接受程度强,管理水平高,示范带动效果显著,户均效益明显,户均产值较烟区整体平均产值的差距不断拉大,目前已达10万元左右。

推行"1+X"管理 培育职业烟农队伍
——职业烟农培育的山东潍坊实践

——黄晓东、戴成宗、王津军

自 2008 年开始,潍坊市烟草专卖局(公司)作为全国试点单位率先推进现代烟草农业建设工作,通过开展基本烟田设施配套、探索"产业龙头企业+家庭农场(种植专业户)+合作社"生产组织模式、技术指导培训等工作,有效地改善了烟区农业生产条件与组织管理水平。特别是在规模化种植、集约化经营、机械化作业、专业化服务方面极大地带动了烟区农业的发展,为建设"以烟为主、规模稳定、效益提升、持续发展"的职业烟农队伍提供了良好条件。

一、山东潍坊职业烟农培育的目标设定

潍坊市烟草专卖局(公司)借鉴农民职业化建设理论,结合工作实际,将职业化烟农定义为:以烟叶种植达到一定规模,具备一定专业技能和管理经验,收入主要来自烟叶生产经营的家庭农场或专业种植户。通过加强对职业烟农的政策支持、宣传培训、专业服务、困难帮扶等措施,逐步培育一支懂技术、会管理、善经营、讲诚信的职业烟农队伍,提高烟叶生产经营管理水平,推动潍坊烟叶生产持续健康发展。

在系统分析近年来烟农年龄结构、文化素质、家庭劳力及生产规模等情况的基础上,潍坊市制定了职业烟农队伍建设 5 年规划(2012—2016 年),明确了建设规模及工作目标。2012 年首批发展职业烟农占烟农总数的

50%左右,经过不断总结、完善加快了职业化烟农发展步伐,预计到2016年底全市职业烟农植烟规模将占全市规模的90%以上。

二、山东潍坊职业烟农培育的具体措施

(一)科学合理准入

根据潍坊烟区职业烟农队伍建设任务目标制定了4个准入条件:

(1)以烟叶生产为主要产业,年植烟面积10亩以上。

(2)种烟地块相对集中稳定且加入辖区烟农专业合作社。

(3)生产技术水平较高,服从烟草部门的技术指导和管理,各项技术措施落实到位。

(4)诚实守信,按合同种植烟叶,自觉维护烟叶收购秩序,无异地交售、争级争价等不良记录。

(二)严格工作步骤

按照"宣传、申请、推荐、审批、公示、签订协议"6个步骤开展职业烟农队伍建设工作:

(1)产烟分公司(烟站)开展对辖区职业烟农录用条件、享受待遇、履行义务等内容的广泛宣传活动。

(2)烟农提出申请并填写《职业烟农审批表》。

(3)烟农(须为合作社社员)申请后由所属合作社向烟站推荐。

(4)烟站、产烟分公司对推荐的烟农逐级审核,报市烟草专卖局(公司)审批。

(5)市烟草专卖局(公司)审批后对烟农名单进行公示。

(6)公示结束后与烟农签订协议并发放职业烟农证书。

(三)明确义务与待遇

职业烟农须承担4个方面义务,可享受4个方面待遇。

1. 义务

(1)年均种植面积10亩以上且适度规模种植。

(2)带头实施烟叶标准化生产,推广先进适用技术。

(3)积极参与当地烟农合作社建设,支持合作社开展专业化服务。

(4)积极参加市、县、烟站三级烟草部门组织的工作试点、专题培训及烟叶调研活动,不断提高烟叶生产技术管理水平和经营能力。

2.待遇

(1)购买保险。每年为入选的职业烟农购买养老保险与意外伤害保险。(连续享受同一级别待遇的烟农,养老保险金额每年递增20%左右)。

表3-1 职业烟农等级及不同等级对应年度的养老保险金额

职业烟家等级	对应种植规模/亩	养老保险金额/元					
		第1年	第2年	第3年	第4年	第5年	5年累计
1级	10~19	400	480	576	691	829	2976
2级	20~49	600	720	864	1037	1244	4465
3级	50~99	1000	1200	1440	1728	2074	7442
4级	100~199	1600	1920	2304	2765	3318	11907
5级	200~299	2400	2880	3456	4147	4977	17860
6级	300~499	3500	4200	5040	6048	7258	26046
7级	500以上	4000	4800	5760	6912	8294	29766

(2)帮扶解困。对生活及家境贫困的职业烟农申请通过后给予一定困难帮扶,对全部职业烟农子女上大学、家事礼遇情况给予慰问金。

(3)风险救助。对因风、雹等自然灾害造成烟田损失的职业烟农,根据实际情况给予补助。

(4)评先树优。优先推广新技术,定期组织生产经营管理和技术培训,优先推荐先进典型。

(四)实行等级管理

按照烟区生产实际及种植规模情况将职业烟农划分为7个等级,符合准入条件且在年度考评中合格的烟农被评为相应级别的职业烟农。根据职业烟农等级,潍坊市烟草专卖局(公司)和有关保险公司商定后,确定了每个级别第一年享受的养老保险金额,同一级别投放保险金额每年递增20%。

(五)完善管理机制

成立了由主要领导任组长的职业烟农队伍建设领导小组,负责建设过程的组织、实施、协调、检查、考评等工作,并制定了《职业烟农队伍建设实施办法》《职业烟农队伍建设实施细则》等政策,促进职业烟农建设制度化、程序化和规范化。建立合理的考核评价办法,在每年烟叶收购结束后组织对职业烟农的考评,综合烟叶交售、烟叶质量、信誉等级等因素后确定职业烟农等级。具体考核评价3个方面:

(1)根据实际交售烟叶量考评种植规模。
(2)根据交售烟叶的上等烟比例考评生产水平。
(3)根据种植合同、品种符合度、烟叶交售秩序等方面考评信誉等级。

通过综合考核评价结果最终确定职业烟农等级与待遇。建立和完善了职业烟农进退管理机制,对于考评结果差的职业烟农降低或免除其等级与待遇,实现动态化管理,促进职业烟农持续履行好应尽义务。

三、山东潍坊职业烟农培育的主要成效

潍坊烟区实施职业烟农队伍建设以来取得了良好的效果,得到了地方政府、烟农及社会各界的充分认可和广泛赞誉。

(一)烟农队伍整体素质得到优化提升

据统计,2012—2014年,潍坊市烟草专卖局(公司)累计投资805.9万元为职业烟农购买保险,其中,养老保险7942人份、投保金额766.1万元,意外伤害险8273份、投保金额39.8万元。2013年度有9人获得意外伤害保险赔偿,赔付金额约16.1万。通过职业烟农队伍建设,"种植烟叶是一种比较稳定的职业"已成为烟区人们普遍的一种共识。职业烟农因烟草部门为其购买保险、开展帮扶济困而享受到"老有所养、伤有所保、困有所济"的待遇,烟叶种植积极性更高、归属感更强。烟叶种植在烟区大农业生产中更具吸

引力,一批具有年龄优势、文化素质高、管理经验丰富的青壮年开始从事烟叶生产经营。

由表3-2看出,通过建设以前(2011年)与建设后(2014年)全市烟农队伍情况对比看,年龄结构更趋合理、文化素质水平得到提高。其中,建设后40岁以下烟农比例较建设前提高14.32%,高中及中专以上烟农比例较建设前提高9.18%。烟农队伍整体素质得到优化,增强了烟叶持续健康发展的后劲和活力。

表3-2 建设职业烟农对植烟队伍综合素质的影响

年度	项目	年龄结构					文化水平		
		30岁以下	30~39岁	40~49岁	50~59岁	60岁及以上	初中及以下	高中及中专	大专及以上
2011	烟农数量	55	389	2036	1766	615	3763	1098	0
	比例/%	1.13	8.00	41.88	36.33	12.65	77.41	22.59	0
2014	烟农数量	113	983	2053	1202	322	3188	1482	3
	比例/%	2.42	21.04	43.93	25.72	6.89	68.22	31.71	0.06

注:比例的数字精确到小数点后两位,故存在总和不是100的情况,特此说明。

(二)植烟规模与效益稳步提高

加大对职业烟农在农场经营管理、先进适用技术、减工降本措施等方面的培训,加强与地方政府、村两委的沟通交流,争取对植烟土地流转的支持,将烟区计划资源及烟叶设施建设计划优先向集中连片、规模稳定的职业烟农倾斜,推进了适度规模生产。

由表3-3看出,自2012年职业烟农队伍建设以来,户均规模较建设前3年提高180.00%,上等烟比例提高13.40%,单位面积产值(未含补贴)提高34.42%,户均收入提高276.38%。烟叶生产规模化生产水平明显提高,烟叶产值效益显著增长。

表3-3　2009—2014年职业烟农建设对经济效益的影响

年度	烟农数量	种植面积/亩	户均面积/亩	上等烟比例/%	单位面积产值（未含补贴）/（元/亩）	户均收入（毛收入）/元
2009—2011	7936	142567	21.0	36.7	2539	53319
2012—2014	2647	156112	58.8	50.1	3413	200684

（三）推进了烟农合作社建设

职业烟农对专业化服务的现实需求对于合作社的产生、发展和良好运营起到了重要推动作用,增强了合作社发展动力;而合作社的发展进一步提高了服务能力与服务质量,让职业烟农生产经营更加便捷、轻松、高效,形成协同发展、互惠共赢的良好局面。据统计,2014年全市11个烟农专业合作社拥有育苗、机耕、植保、烘烤、分级等专业队141支,专业化服务人员4849人。其中,职业烟农会员2162名,占合作社服务面积的96.5%,各环节服务面积累计达47.6万公顷,实现盈利310.3万元,有力推进了烟农合作社建设发展。

（四）有效推动了烟叶生产精益管理

潍坊市烟草专卖局(公司)把推进烟叶精益生产网格化管理与职业烟农队伍建设结合起来,创新推行了"1+X"组织管理模式。一个"1+X"组合就是一个烟农互助管理小组,所对应的烟田就是一个相对集中的种植连片区、面积在13.3公顷左右。"1+X"组合作为一个基本种植单位,在规划布局、耕作制度、良种推广、技术措施、专业服务等方面统一标准要求,统一组织实施,实现了作业标准与作业质量的统一,有效地提升了烟叶生产整体水平。而"1+X"中的"1"是从职业烟农队伍建设以来率先发展的先进烟农带头户,"X"是职业烟农周边的烟农。职业烟农被选为带头户享受组合内面积之和所对应的级别待遇,同时享受一定的交通和通信补贴。职业烟农带头户代表其组合与技术员、合作社对接,接受相关指导与服务,这种"民管民、民带民、民帮民"的组织管理模式,较传统的技术员入户指导效果更好、更明显。表3-4显示出,通过实施烟叶精益生产网格化管理"1+X"组织管理模式,组合后更具规模优势。

表3-4　2014年潍坊烟区网格化管理"1+X"模式情况

区域	片区数/个	生产网/个	"1"个数/个	"1"面积/亩	"X"户数/户	"X"面积/亩	组合后面积/亩
诸城	15	64	309	10383	1953	19395	29778
临朐	10	30	149	2148	1244	9931	12079
安丘	7	17	34	1116	120	1973	3089
昌乐	4	12	3	84	29	460	544
合计	36	123	495	13731	3346	31759	45490

四、对职业烟农队伍建设的思考

尽管潍坊职业烟农队伍建设工作取得了较好的成效,但随着农业产业结构的进一步调整、城乡一体化进程的不断加快,以及行业"规模调控"政策影响,给职业烟农队伍建设带来较大压力。职业烟农队伍平均年龄仍然偏大,现有政策对部分农民尤其是40岁以下乡镇或农村青壮年的吸引力不够大。面对新形势、新挑战,职业烟农队伍建设应做好4个方面工作。

(一)职业烟农建设必须突出规模化

以植烟收入为家庭主要收入来源是界定职业烟农的重要指标,为此必须确保一定的规模效益。从当前及今后一段时间农村经济社会发展看,当种植规模达到50亩以上,植烟收入在7万元以上,基本满足这一指标。因此,应该把职业烟农建设的门槛提高到50亩,重点发展100亩及以上规模的农场,保证家庭年度植烟收入在10万~15万之间,使烟叶生产真正成为职业烟农的稳定职业。

(二)加强分类管理与政策扶持

一要按照"分类指导、分类管理、分类扶持"的思路,以规模化程度为基本,综合考虑年龄结构、文化程度、管理水平、诚信程度等因素,合理划分等级。按级别分类制定培训管理与扶持措施,建立完善职业烟农诚信积分管理、表彰奖励等激励机制和措施。二要积极争取当地党委政府对职业烟农在土地流转等方面的支持,协调保险行业参与烟叶生产风险保障体系建设,进一步增强职业烟农规模化生产能力和风险保障能力。三要探索加大对40岁以下青年职业烟农的优惠政策支持力度(如让青年职业烟农享受"三险一金"、探索创建青年烟农生产基金等措施),进一步提高种烟对青年社会人员的吸引力。

(三)与合作社建设统筹发展

要根据烟区生产布局调整、合作社专业服务情况,将有限的计划资源向规模适度、生产管理水平高、便于合作社服务的职业烟农倾斜,进一步提高职业烟农集约化生产水平。引导职业烟农积极参与合作社建设与发展,享受专业化服务及农资、信贷等服务,探索"职业烟农烟田托管服务"模式,进一步减轻劳动强度,减少生产资料及资本的投入,达到"种植在户、服务在社、轻松种烟"的效果。

(四)引进精益管理理念和做法

将精益管理理念和做法引入烟叶生产中,使职业烟农由传统农民真正转变为现代农业生产经营管理者。重点抓好育苗、采烤、分级加工三个工场和家庭农场的精益生产,持续优化作业流程,加快推进专业化服务、机械化作业,优化人机组合,减少用工浪费,提高工作效率和作业精准度。职业烟农还可根据实际需要,雇用管理人员采取分片负责、土地入股等方式参与其烟叶生产经营管理,根据盈利情况与管理人员进行分红,通过这种企业化管理的方式,推动烟叶生产力与生产关系协调发展。

2015年12月

构建评价体系 培育职业烟农队伍
——职业烟农培育的湖南湘西实践

——黄晓东、张宇晓、戴成宗

一、湘西烟叶种植情况介绍

湖南省湘西土家族苗族自治州（全文简称"湘西"）下辖七县一市，包括吉首市和花垣、保靖、永顺、龙山、泸溪、凤凰和古丈7县。2011年，湘西种植烤烟22.05万亩，收购烟叶54万担，烟农20103户。2015年，全州种植烤烟25.05万亩，收购烟叶57.45万担，烟农却减少了数千户。一方面由于在城镇化大潮下，受城乡收入差距的势能作用，农村人口不断向城镇转移。大农业人口在萎缩，作为小农业的烟叶种植，自然相应出现种植户减少的情况。另一方面，烤烟种植由于环节多，用工投入大，相对于其他经济作物，成本高、收益低，因此不少农户放弃种烟，转而种植其他农作物，烟农队伍不断萎缩。另外，研究发现随着集中连片、规模种植的发展，农村的"中农群体"正在形成。该群体一般种植规模在20亩以上，依靠农业生产能获得不低于城镇务工的收入，甚至更高。该群体成为目前农村的中坚力量，也是烟草农业发展的扶持对象。

二、湘西烟农评价体系的构成要素

烟农评价体系组成要素包括：评价主体、评价客体、评价方式和评价内容。

(一)评价主体、评价客体和评价方式

对烟农开展评价的主体是湖南省烟草公司湘西土家族苗族自治州公司,具体执行者包括:烟站站长、烟技员、烟叶分级质检员等。评价客体是湘西的烟叶种植户,对其从总量(基本条件、种植规模及集中度)、质量(收购情况、技术执行)、行业互动等方面展开评价定级。对烟农的评价主要通过两种方式进行,一种是执行人员主观评分,另一种是系统取数客观评分。人员主观评分包括:烟技员根据烟农在烟叶生产环节的技术落实到位率打分,分级预检员根据烟叶交售情况打分。系统取数评分则从电子合同、烟叶收购系统、物资销售系统、缉私系统等直接调取客观数据,按照设定方法进行核算,并依据既定规则生成指标得分。通过综合主观与客观的评分数据,计算得出烟农的评价等级。

(二)评价内容

烟农的种烟活动分为申请、育苗、移栽、大田管理、采收、烘烤和交售这几个步骤,可按四个环节对烟农展开评价,即种烟资格评价—技术落实评价—生产业绩评价—烟农级别评价。

1. 种烟资格评价

(1)设定种烟资格。种烟农户应具备以下基本资格条件:小学及以上文化程度,家庭有辅助劳动力,申请种烟面积5亩以上,具备一定的烟叶种植经验且无违约行为,具有较好的生产资金投入基础,并承诺自觉接受技术培训与指导,严格履行产购合同。

(2)种烟申请流程。首先,烟站向农户宣讲告知职业烟农评价的目的、原则、指标与方法,让农户理解。然后,烟农按以下流程申请种植烤烟:农户自愿申请→烟技员审核→烟站站长审定→颁发种烟资格证→签订产购合同。合同有效期满,按照上述程序重新申请、评价和颁证。

2. 技术落实评价

(1)量化技术标准。根据烟叶生产技术方案和标准化生产的要求,将烟农生产阶段应落实的轮作调茬、整地起垄、育苗移栽、平衡施肥、病虫防治、

打顶留叶、成熟采收和科学烘烤等几项生产技术措施进行评定,同时结合烟农在各阶段中对新技术的应用效果进行分解对标量化评分,作为评价烟农生产技术标准落实到位率的主要依据。

(2)生产现场考核。在生产过程中,根据烟农数量和区域分布,分为若干小组,每名烟技员负责一组;并深入田间地头对本组烟农技术落实情况进行现场考核。若烟农某项生产技术标准落实不到位,则现场下达《技术整改通知书》,指导烟农在规定的时间内及时整改。下达的《技术整改通知书》一式两份,烟技员和烟农分别签字后,一份交烟农作为技术整改依据,一份烟技员留存作为技术整改追踪确认依据。

(3)整改追踪确认。烟叶技术员在下达《技术整改通知书》规定的整改时限内,必须对烟农技术整改结果进行现场追踪确认。对烟农已及时整改的,要分别在烟农和烟技员保存的《技术整改通知书》指定位置标注"已经整改";对烟农未及时整改的,则标注"未及时整改",须再次下达《技术整改通知书》,同时扣减量化的技术标准所对应的基本分值,并及时录入烟农档案,年终汇总时使用。

(4)评价数据利用。烟农生产技术落实到位率的评价数据,主要用于评价烟农级别和体现级别价值。同时,在生产阶段利用烟农生产技术落实到位率的考核数据,警示烟农认真落实生产环节的各项生产技术标准;在年终利用烟农年度生产技术落实到位率的综合考核数据,通过计算机进行统计分析,将分析结果和应改进的技术措施,以书面形式反馈给烟农,督促指导烟农不断提高生产技术标准落实到位率。

3.生产业绩评价

(1)量化业绩指标。依据烟叶收购中烟农的数量履约率、上中等烟比例、交售均价等几项主要生产指标,客观评价,给出具体分值,作为评价烟农生产业绩的主要依据。

(2)年度综合评价。烟站利用计算机储存的烟叶生产、收购的有关数据,分别统计分析出烟农当年生产经济指标的实现情况,并依据各项指标的量化分值,对烟农生产业绩进行综合评价。

(3)评价数据利用。烟农生产业绩的评价数据,主要用于评价烟农级别和体现级别价值。同时,利用烟农生产业绩的评价数据,结合烟农生产技术考核数据,综合分析烟农在落实生产技术标准中存在的主要问题及对经济指标实现的影响,并以书面形式反馈给烟农,促使其不断提高生产水平、烟叶质量和经济效益。

4.烟农级别评价

(1)级别条件设定。按烟农与行业互动情况、技术执行情况、收购情况、基本条件和规模及集中度,展开评分量化,作为评定烟农级别的主要条件。与行业互动情况:根据烟农是否符合种植安排,是否服从烟技员的技术指导,是否听从入户质检员指导,是否按烟站预约收购安排进行烟叶交售,在交售时的分级表现和收购表现,进行量化评分。技术执行情况:根据烟农的烟田轮作、清残冬翻、移栽、田间管理和烘烤环节的具体表现进行量化评分。收购情况:根据烟农烟叶交售的数量履约率、上中等烟比例、交售均价,来量化评分。基本条件:根据烟农的年龄、种烟年限、烤房情况,以及信贷记录予以量化评分。规模及集中度:根据烟农种植面积和烟田的集中连片程度予以量化评分。

(2)烟农级别划分。结合烟农户籍管理的实际情况,将烟农划分为A、B、C、D四个级别,分年度开展级别评价,实行动态管理。

(3)烟农级别评定。依据设定的烟农级别条件和基本分值,于每年的12月份进行一次烟农级别评定。将烟农按照得分排序,在初始时依据25%、30%、35%、10%的比例来设定分数线,划分A、B、C、D级烟农,以后再根据实际情况和发展需要进行调整。按照"发展A户、提高B户、指导C户、淘汰D户"的基本原则,对于A、B级别的农户,鼓励扶持发展,而对于D级农户,考虑到目前湘西部分烟站完成国家下达的烟叶种植计划尚有一定困难,可以继续与其签订种植合同,以保障烟叶种植计划完成。随着经济发展,农户生活水平不断提高,当种植面积少,亩均收益低时,烟农权衡外出打工与在家种烟的比较收益,会更倾向于外出务工,这样D级烟农会自然淘汰。通过给予C级烟农必要指导,促使其向A、B级烟农转变。

三、湘西烟农评价体系的总体框架

对烟农评价包括主观人员评分和客观数据评分,然后综合评价定级,并根据具体评级提供相应的培育措施,扶持职业烟农发展。根据图3-2所示,烟农的评价数据从采集、传输、综合分析到具体运用,经过了业务层、平台层、应用层,最后通过展现层为用户提供各种功能运用。首先,在业务层,依据烟农电子合同、物资销售系统、烟叶收购系统,以及烟技员、预检分级员通过手持终端录入的考核评价,采集得到烟农的客观与主观评价数据,并设定评价指标的权重;接着,在平台层,综合计算出烟农的实际得分,给出其对应的评级,且为培育职业烟农,生成相应的基础数据;然后,在应用层,依托数据中心的技术支持,构建烟农评价管理体系与职业烟农培育支持系统;最后,在展现层,提供烟农评价报告、烟农需求分析和烟农培育策略等信息报告,为烟草公司领导提供决策支持。烟农培育策略可以依据烟农评价、网络资源的卓越现代农业建设方案、案例、湖南省烟草公司湘西土家族苗族自治州公司有效的运作经验等,综合分析得出。

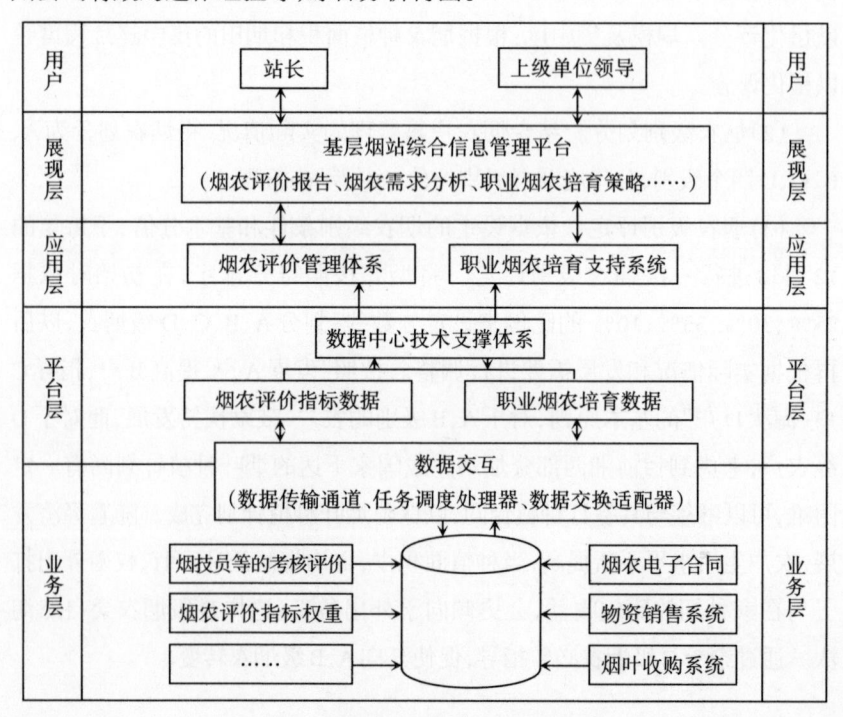

图3-2 职业烟农评价分析总体框架

四、相关结论

依托主观和客观评分,对烟农展开评价定级,一方面在烟农中定出优劣、拉开差距,促使烟农自发的向先进看齐,努力搞好烟叶生产;另一方面,能让烟草公司确定重点扶持对象,确定投入重点。

为培育"以烟为主、精于种烟"和"技术好、素质高"的职业烟农,需要在烟基设施投入、轻便烟机研发、土地流转协调、合作社运营优化、生产计划安排、烟农技能培训、专业服务提升、金融信贷扶持以及保险人文关怀等方面予以支持。尤其是烟农迫切需要的土地流转、信贷支持和烟机设备等方面的支持,更需要烟草公司与地方政府、金融机构、农机企业积极协调合作,为烟农扩产增收创造有利条件。

2015年12月

完善配套措施 促进职业烟农队伍建设
——职业烟农培育的贵州正安实践

——黄晓东、戴成宗、张宇晓

一、正安县烟农队伍现状分析

正安县是贵州省遵义市下辖县,北接重庆市南川区,东北毗邻道真县、务川县,东南与凤冈县和湄潭县交界,南靠绥阳县,西北与桐梓县接壤。全县共有植烟乡镇为18个,有32个收购组(合同量在5000担以上的村为一个收购组,合同量少于5000担的村以二至三个村组合,使合同量之和大于5000担为一个收购组)。按照每个收购组随机调查5~7户烟农,共计198户烟农,进行样本分析,可以得出全县烟农的现状。

(一)正安烟农群体的现状

1. 烟农的文化程度

从图3-3来看,调查样本中没有大专以上文化程度的烟农,高中以上文化程度烟农只占6.13%,初中文化程度烟农占27.54%,小学文化程度烟农占48.12%,文盲烟农占18.21%。烟农的文化程度以初中和小学为主,占样本的75.66%,表明目前正安县烟农文化素质相当低,与现代职业烟农知识化的要求还有相当大的差距。

2. 烟农的年龄

从图3-3来看,在调查样本中,20岁以下的烟农只占4.48%(主要是烟农子女),20~39岁烟农占22.35%,40~49岁烟农占43.18%,50~59岁的烟农占

21.17%，60岁以上的烟农占8.82%，烟农年龄主要集中在40~49岁年龄段。结合当前农村人口的年龄结构来看，目前正安县烟农的年龄结构基本趋于合理，但整体年龄略微偏大，特别是还有一定比例的60岁以上烟农，这与现代职业烟农年轻化的要求不符。

3.烟农的单户种植规模

从图3-3来看，烟农的单户种植规模主要集中在10~29亩，此类烟农的比例为56.50%，单户种植规模10亩以下的烟农仍占相当大的比例，为27.96%，而单户种植规模为30亩以上的烟农比例只占15.54%，因此，按照现代职业烟农的单户种植规模标准，建设以单户种植面积30~49亩为主的职业烟农队伍仍有相当大的难度，还需做更多工作。

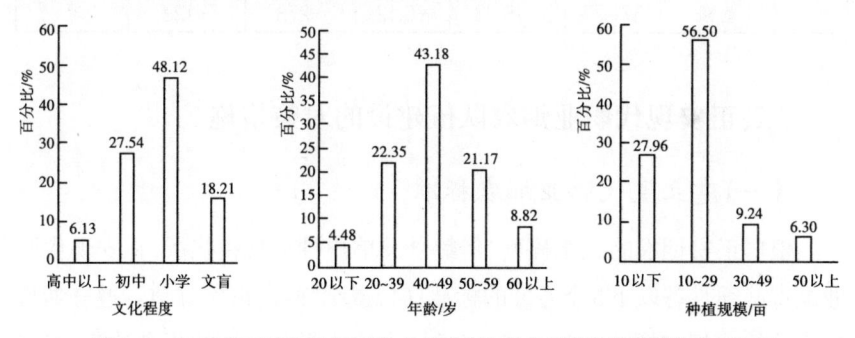

图3-3 2013年正安县烟农年龄、文化程度和单户烟草种植规模的结构比例

4.烟农的单户种植效益

根据统计资料，整理得出正安县2012年与2013年烟农种植烟草的单户种植效益相关统计数据（表3-5）。从表3-5可以看出，单户种植面积20亩以上的烟农与单户种植面积20亩以下的烟农相比较，二者的收益差异明显，其每亩纯利润差异在2012年与2013年分别为323.91元和371.77元。在平均产值差别不大的情况下，两类烟农的收益差距主要来自于用工投入和成本费用，这表明只要通过有效的政策与资金支持，从提高单户种植规模角度来发展正安县现代职业烟农队伍是可行的。

表3-5　2012年与2013年烟农单户种植效益的相关统计

年份	单户种植规模	纯利润/（元/亩）	平均产值/（元/亩）	均价/（元/kg）	用工投入/（元/亩）	成本投入/（元/亩）	中上等烟叶比例/%
2012	20亩（含）以上	1531.17	2864.17	27.44	705	628	97.2
	20亩以下	1207.26	2875.26	27.72	927	741	97.6
	差额	323.91	−11.09	−0.28	−222	−113	−0.4
2013	20亩（含）以上	1678.42	3059.42	29.34	738	643	100
	20亩以下	1306.65	3087.65	29.46	1016	765	100
	差额	371.77	−28.23	−0.12	−278	−122	0

二、正安现代职业烟农队伍建设的对策措施

（一）建立现代职业烟农标准

根据正安烟农的文化程度、年龄以及单户种植规模状况，正安现代职业烟农必须具备以下5个方面的标准：(1)遵纪守法，诚实守信。遵守烟草专卖法律法规和烟叶收购纪律，能够认真地执行各项烟叶生产政策，严格履行烟叶种植收购合同，诚实守信。(2)年龄为20~49岁，初中文化程度以上。(3)连续种烟3年以上，当年种烟面积20亩以上，自己拥有与种植面积相匹配的烤房设施或有合作社提供的烤房设施。(4)具备较强的种烟技能，能够很好地执行烤烟标准化生产技术要求，上等烟叶及上中等烟叶比例达到县分公司的规定。(5)必须是当地烟农专业服务合作社的烟农社员。

（二）规范现代职业烟农的资格认证

职业烟农应按照"烟农自荐—烟叶技术员推荐—烟草站初审—县烟草公司依据评定标准逐户考核筛选审定"的规范流程进行评定，按照条件，择优录取，由县分公司向烟农颁发职业烟农证书，烟农持证种植。同时，职业烟农评定的相关信息应做到公开透明，接受广大烟农与社会监督，对有异议

的逐户复核,实现对发展职业烟农队伍与稳定一般烟农队伍的协调,保持烟农整体队伍的稳定。此外,对于获得职业资格的烟农,烟草站和县烟草公司应对其实行痕迹化管理和动态管理,对其烟叶生产的产前、产中、产后各个环节进行考核和评定,任何一个环节的考核不合格者都将取消职业烟农资格。另外,为完善对职业烟农的信息化管理,应建立完善的职业烟农信息档案,构建职业烟农信息数据库。

(三)构建促进现代职业烟农队伍建设的配套措施

1.优化种植烟区布局,合理规划连片种植

规模化种植是现代烟草农业的基本特征,职业化是现代职业烟农队伍最基本的特征,专业化是建设现代职业烟农队伍的根本保障,而规模化是建设职业烟农队伍的基本条件。也就是说,只有规模化才有专业化,只有专业化才有职业化。因此,应根据正安烤烟种植区域分布和地理条件以及设施建设状况,因地制宜,通过租赁等方式实现土地流转和种植地块的集中连片,利用国土资源整治、农业综合开发的机遇,加大基本烟田整治,实现规划布局100亩以上绝对连片种植基地,形成建设现代职业烟农队伍的关键基础。

2.加强土地流转,促进能人种植烤烟

在规划的连片种植烟区内,依托各级政府、专业合作组织、土地流转中介机构的协调服务职能,加快土地经营权的流转效率,坚持依法、自愿、有偿的原则,充分尊重农民土地经营自主权,合理合法进行土地流转,促进有技术、懂管理、会经营的烟农能手有地种植烤烟。

3.强化烟农技能培训,提升职业烟农素质

一是要集中开展烟叶生产技能培训,通过省级职业技能鉴定站进行技能鉴定,在3到5年内,全部实现职业烟农持证种烟,打造一支思想素质好、生产技能过硬的现代职业烟农队伍。二是要打造一支高素质的服务队伍。一方面要加强对烟草部门技术员的业务技能和职业道德素质培训;另一方面,应公开招聘一批专业知识过硬的大专院校毕业生,为烟草系统注入新鲜力量,并建立竞聘上岗的优胜劣汰机制,通过市场手段调动烟草系统职工的积极性,切实发挥其在烤烟生产、经营和管理上的服务职能,有利于促进职

业烟农综合素质的提升。

4. 提升专业服务,降低种植成本

积极引导职业烟农加入合作社,使其优先享用合作社专业服务,解决烟叶生产过程劳动强度大、专业性较强、组织劳动力困难等现实问题,促进职业烟农有效降低种植成本,提高烟叶质量,增加种植效益。同时,职业烟农通过与合作社的交易分享合作社的盈余,也能有效提高种植收益。

5. 加大政策资金扶持,推动职业烟农发展

针对烟农的实际情况,制定合理的补贴标准和专业服务价格,根据烟叶生产网格化布局,合理利用补贴政策,优化配置烟区基础设施等相关资源,降低烟农种植风险,保障烟农的合理收益。此外,各级政府、烟草部门以及合作社应积极与金融信贷部门进行合作,努力促使农村信用社降低烤烟种植的贷款限制,提高信贷额度,解决职业烟农启动资金缺乏的问题,保障职业烟农生产所需的资金支持。

6. 完善烟农考核机制,保障职业烟农队伍素质

职业烟农考核由县分公司职能部门组织,烟站负责执行,客户经理具体实施。考核内容包括职业烟农对政策和相关制度的理解和落实、烟叶生产技术水平提升情况、标准化生产执行率、烟叶等级结构指标完成情况、种烟效益以及种烟愿景等。通过对职业烟农进行考核,能够更好地掌握职业烟农基本情况,针对性地进行培训,并对其种植规模进行合理调控,达到效益与愿景的全面实现。

2015年12月

加强动态管理 实施分类扶持
——职业烟农培育的四川实践
——黄晓东、张宇晓、戴成宗、李长华等

烟农作为烟叶生产的执行者和主力军,是发展现代烟草农业的重要组成部分。当前烟叶生产"小农生产、分散种植、粗放经营"传统特征未有根本性改变,要实现烟叶从传统生产向现代烟草农业发展,必须加快培育一支有文化、懂技术、会经营、善管理的职业烟农队伍。

一、职业烟农培育对四川烟叶产业发展的重要意义

(一)培育职业烟农是稳定烟叶规模的必然要求

近年来,随着四川社会经济发展和城乡一体化的加快推进,农村人口向城镇、沿海发达地区大量迁移,烟农队伍呈逐渐萎缩趋势,这成为稳定烟叶生产规模的一个重要制约因素。一是农村青壮年劳动力缺乏。受民工潮兴起的影响,外出务工收入增加,再加上烟叶生产有高投入、高用工和高风险的特点,青壮年外出务工多,烟区呈现"99(老人)、38(妇女)、61(儿童)"留守现象,妇女、老人种地多,烟农队伍老龄化、兼业化现象越来越突出。二是种烟比较效益优势减弱。随着烟区农业产业结构的调整,水果、蔬菜、药材等多种经济作物开始在烟区快速发展,与烟叶形成了产业竞争,给烟叶生产规模的稳定带来困难。三是烟叶种植受自然灾害影响大。烟叶生产是"露天工厂",目前仍然主要是"靠天吃饭",近年来,四川自然灾害频发,烟农损失严重,打击了烟农种烟的信心和积极性,对稳定生产规模造成了不利影响。

因此，烟叶要稳定发展，必须要稳定烟农队伍，要着力培育一批稳定的职业烟农。

(二)培育职业烟农是现代烟草农业发展的内在动力

发展现代烟草农业，就是要使各种现代生产要素进入烟区，不断提高烟叶生产规模化、集约化、机械化、专业化、标准化、信息化水平，充分利用现代基础设施设备、现代科学技术和现代组织管理来经营烟叶生产。这些现代技术和现代管理，必须要由具有一定科技文化基础、较高素质的烟农来支撑。因此，要发展现代烟草农业建设，"人"(烟农)是最关键的因素，要靠一批有文化、懂技术、会经营的职业烟农"掌舵航船"。因此，培育职业烟农是推进现代烟草建设发展的内在动力，建设现代烟草农业离不开一支具有一定规模、稳定的职业烟农队伍。

(三)培育职业烟农是提升烟叶质量的客观需要

以"小农生产、分散种植、粗放经营、人畜劳作"为主要特征的传统烟叶生产方式，管理粗放，生产标准化水平和技术到位率参差不齐，导致烟叶质量不均衡、不稳定，难以满足卷烟工业"大企业、大市场、大品牌"的快速发展对规模化质量均衡优质原料的需求，烟叶"小农生产"与卷烟"大市场"的矛盾越发突出。主要原因有两点。一是户均种植规模小。2014年，四川省烤烟农户种植规模所占比重最大的是种植面积10亩以下的传统种植户，占全省烤烟种植户的49%，其次是种植面积在10~49亩之间的种植专业户，种植专业户中占全省烤烟种植户的比重10~19亩(38%)>20~29亩(8%)>30~49亩(3%)，种植面积50亩以上的家庭农场所占比重最小，仅为2%。2015年，四川省烤烟户均种植面积约为12亩。户均规模较低，一方面，分散种植不利于农业机械化推行和先进技术的普及推广；另一方面，户均种植面积小导致对专业化服务需求少，由烟农合作社提供的生产环节专业化服务缺乏市场需求，难于转变生产方式适应现代烟草农业生产组织模式发展。二是烟农文化素质整体较低。四川省烟农文化水平多为初中和小学文化程度，烟农文化素质和技术水平普遍较低，先进的烟叶生产技术落实不到位，导致烟叶质量难以进一步提升,很难适应工业需求变化。

(四)培育职业烟农是助农增收的现实选择

职业烟农作业的规模化、机械化程度高,劳动强度低,经济效益显著,种烟收入可以作为家庭主要收入。从亩均收益和户均收益两个方面结合来看,种植规模在20~29亩比较适合四川的现状,种植规模太小,户均收入太低,没有规模效益;种植规模太大,由于聘用工多,租地成本高,导致亩均收入降低。因此,加快培育种植规模在20~29亩的职业烟农,增强烟农种烟积极性,是增加烟农收入的重要途径和现实选择。

二、四川开展职业烟农培育试点探索情况

四川省烟草公司将培育职业烟农作为提升规模水平,解决"谁来种烟"问题的重点工作加快推进。结合四川省实际情况,四川省烟草公司积极开展职业烟农培育探索,对烟农实行分类指导、分类管理、分类扶持,以提高烟农综合素质和种烟技能为核心,加强职业烟农生产技术、经营管理和政策法规培训,提高职业烟农综合素质和管理能力。

(一)制定评定标准,分类划分烟农

全省主要以种烟规模、年龄、连续种烟年限、劳动力和诚信度等条件作为职业烟农评定标准,依据标准划分职业烟农等级,对应相应的权利、义务和扶持政策。

(二)注重补贴扶持,提高烟农积极性

坚持生产扶持补贴对职业烟农采取差异化扶持。主要采取生产物资补贴扶持、现金奖励扶持和保险缴费补贴扶持等形式。攀枝花市按照150元/亩的标准,以肥料形式对职业烟农进行补贴;泸州市按照500元/户的基本标准,根据职业烟农等级对应的奖励系数进行扶持;宜宾市产烟县政府对种植面积40亩以上职业烟农进行现金补贴,最高达到10000户;广元市剑阁县由政府全额补贴1000元/年,为职业烟农参加新农保。

(三)加强动态管理,构建进退机制

建立年度审核制度,对职业烟农进行年度考核考评,达标者可继续享受扶持政策,未达标者取消待遇或者降级处理,构建了职业烟农进退机制。

三、四川省职业烟农培育存在的主要问题

四川省开展职业烟农培育工作以来,取得了一定的成效,但在实践过程中也还存在一些问题,主要体现在土地流转困难。四川省烟区以山地为主,烟农分散,目前土地流转政策、机制尚不完善,部分土地费用高,加上部分烟农依然存在自给自足小农思想,土地流转困难,户均规模小,机械化程度不高,制约了全省职业烟农培育和发展。

四、培育职业烟农队伍的对策

(一)构建土地流转机制,促进烟叶规模化种植

广泛宣传国家土地流转政策,利用土地整理,加大基本烟田整治力度,实现连片种植。因地制宜,引导职业烟农选择适宜的土地流转方式实现土地流转。依托政府、专业化合作社、土地流转中介机构等的协调服务职能,加快土地经营流转速度与效率。充分尊重农民土地经营自主权,稳妥推行土地有序流转,规范合同管理,避免发生土地纠纷。

(二)加大投入扶持力度,推进职业烟农快速发展

不断建立健全对职业烟农培育的扶持措施,通过差异化产前投入、烟基建设、行业捐赠等多方面资金渠道来源,切实加大投入力度,尤其是完善职业烟农烟叶生产灾害救助保障体系,职业烟农种烟面积大,灾害风险也大,要通过灾害救助机制解决职业烟农后顾之忧,最终形成目标清晰、受益直接、类型多样、操作简便的职业烟农烟叶生产补贴制度。

(三)着力减工降本增效,提高生产机械作业效率

传统烟叶生产用工多,职业烟农规模经营主要面临请工难、用工成本高

等问题。要解决职业烟农的这些问题,首先就要推广烟叶生产全程机械化,减少用工数量,降低用工成本,提高种烟效益。要积极发展农业机械化,研发适合山区使用的农机,实现山区烟叶生产半机械化、机械化作业,提高生产效率,减少人工投入,增加种烟收益,实现职业烟农"轻松种烟、快乐种烟"目标。

2015年12月

着眼生产因素,深入推进烟叶发展
——职业烟农培育的陕西实践

——戴成宗、徐鹏飞等

为全面了解全省烟叶生产劳动力现状,科学制订职业烟农队伍培育规划,陕西省烟草专卖局成立调研组,确定调研提纲,坚持点面结合、重点突出、务求实效的原则,通过实地调查、走访、座谈、交流等方式,对影响职业烟农培育的各方因素进行了全面系统地调研和分析。

一、陕西烟农队伍现状

(一)烟农流失严重

2015年,陕西省种植烤烟32.9万亩,计划收购烟叶99万担,分布在安康、商洛、汉中、宝鸡、延安和咸阳6个地市、25个县(区)、202个镇、1251个村,共有农户18317户。烟农总数较2010年的32392户减少了14075户,减少近43.45%(如图3-4)。通过农户流失原因的调查发现:

图3-4 2010—2015年陕西省烟农户数及种烟面积变化情况

受经济因素影响,如种植效益不佳或自然灾害频发,导致流失的农户数占退出农户总数的40.72%;由于政策因素,如布局调整或种植规模压缩,导致流失的农户数占退出农户总数的28.74%;由于劳动力因素,如烟农年龄偏大或劳力缺乏,或烟农家庭条件改善,自愿放弃种植的农户数,占退出农户总数的18.40%;由于土地因素,如土地紧张或移民搬迁,无法承包到适宜的耕地种烟,导致减少的农户占退出农户总数的4.28%;因烟农意外伤残、伤病、死亡等原因导致减少的农户占退出农户总数的2.77%;其他因素占5.09%。如图3-5所示。烟农逐年减少已成为难以逆转的趋势。

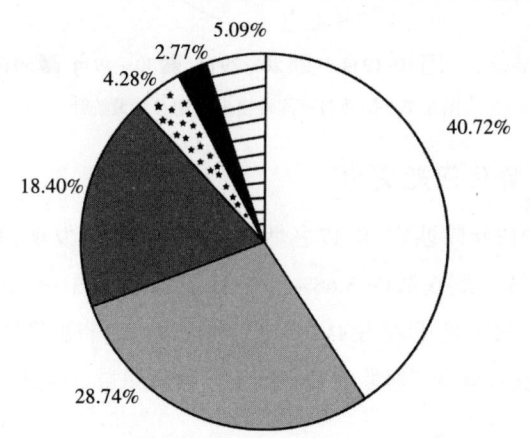

图3-5 2010—2015年陕西省烟农流失原因分析

(二)种植规模不断扩大

2010—2015年,陕西省烟农户均规模依次为:11亩/户、16.4亩/户、18.4亩/户、17.6亩/户、17.5亩/户和17.8亩/户。五年间提高了6.8亩/户,增幅约61.82%;其中,2012年最高,达到18.4亩/户,2013—2015年,受规模严控等因素影响,有所下降,但基本稳定在18亩/户左右。

通过对2015年烟叶种植规模现状调查得知,全省种烟规模在10~19亩的烟农户占种烟总户数的61.86%,20~29亩的占25.15%,30~49亩的占7.14%,10亩以下、50亩以上的共占5.85%。可见,10~29亩种植规模的烟农是陕西省烟农的主力军,占种烟总户数的87.01%。详见图3-6。

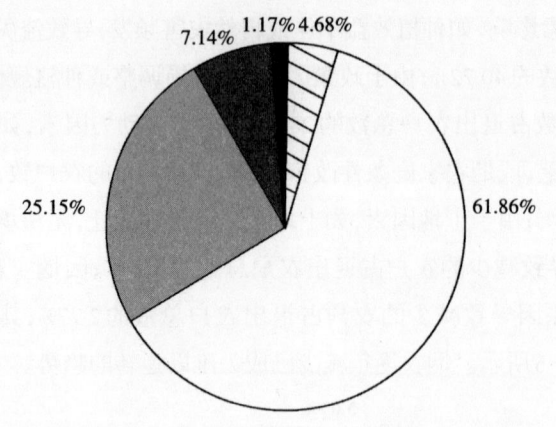

☒ 10亩以下　☐ 10~19亩　▦ 20~29亩　▪ 30~49亩　■ 50亩以上

图3-6　陕西省不同种植规模烟农数量统计

（三）老龄化问题突出

通过对2015年陕西省18317名烟农年龄结构调查发现，30岁以下的年轻烟农较少，占总烟农数的5.68%；30~49岁的烟农占49.71%，接近半数；50岁以上年龄较大的烟农占44.61%，比例较大。全省烟农队伍年龄偏大，年轻烟农比例小，培育年轻职业烟农的工作亟须加强。详见表3-6。

表3-6　陕西省2015年烟农年龄结构表

年龄结构	30岁以下	30~49岁	50岁以上
人数/人	1041	9105	8171
所占比例/%	5.68	49.71	44.61

（四）文化程度不高

对2015年陕西省18317名烟农文化程度做了调查。结果发现，仅有小学文化程度的烟农占36.26%，初中的占46.37%，高中及以上文化程度的仅有17.38%。烟农整体文化程度较低，在一定程度上影响烟叶产业健康稳定发展。详见表3-7。

表3-7 陕西省2015年烟农文化结构表

文化结构	小学	初中	高中	大专及以上
人数/人	6641	8493	3141	42
所占比例/%	36.26	46.37	17.15	0.23

(五)"电阻"效应普遍

作为烟叶生产的首要因素,烟农是所有技术流和管理流的汇聚点和着力点,但受文化程度、年龄结构、个人观念、技术能力、劳动力数量等影响,流向烟叶的各种技术和管理在烟农的执行过程中遇到"电阻"。具体表现在:一是小苗移栽、平衡施肥、成熟采收等烟叶生产技术推广率与目标要求还有一些差距;二是土壤改良、绿色防控等生态管理技术推广与烟农追求当下效益的目标不一致;三是精益生产的先进理念遭遇烟农传统生产模式阻碍。只有解除"电阻",培育新的适合于各种技术措施和管理制度顺畅流向烟叶生产的"超导体",才能深入推进陕西烟叶顺利发展。

二、陕西职业烟农培育条件

(一)现代烟草农业深入推进为培育职业烟农创造条件

2010年以来,按照国家烟草专卖局提出的"三化同步、单元实施"的要求,陕西省持续推进现代烟草农业建设。一是基本烟田布局完成,设施装备综合配套。制定并实施了秦巴生态烟区烟叶发展规划,建立了90万亩基本烟田保护制度,烟水烟路覆盖面积达到56.33万亩,占基本烟田的62.5%,烟田设施配套面积39.54万亩,占基本烟田面积43.9%。二是土地有序流转,规模化种植水平提升。2015年土地流转面积12.64万亩,占种烟面积的38.42%,其中由烟农自发流转占79%,村委会流转占14.7%;连续多年开展区域、农户、田块优化,扶持优势烟区、优势农户发展,确保了户均种植规模、区域规模化连片种植不断提高。三是合作社建设成效显著,专业化服务能力增强。截至2015年底,全省共组建综合服务型烟农专业合作社58个,入社烟农8063户,占全省总烟农户数的44.0%,服务总面积18.29万亩,占全省面积的55.59%;合作社组织机构健全,运行管理顺畅,设施管护职能发挥到位,财务管理规范,专业化服务水平逐年提升。四是生产方式得到转变,精准作业逐步展开。实现了98%集约化育苗和商品化供苗目标,烟叶工场化烘烤覆盖率达到20%以上,专业化分级达到95%以上;累计配置各类机械4410台(套),在耕整地、装盘播种、起垄施肥覆膜、移栽、拔杆、烘烤等11个环节实现全程机械化作业,核心示范区内亩均用工减少8个以上,节约生产成本约344元/亩。五是基地单元建设稳步推进,工商合作进一步紧密。五年间,累计与8家工业企业建成了品牌导向型基地单元13个,其中特色烟叶基地单元2个,烟叶基地化供应率达到65%。现代烟草农业的深入推进,改善了烟区生产生活条件,为广大烟农提供了新的生产组织方式、装备和设施、管理理念和市场资源,为下阶段职业烟农培育工作的大力开展创造了前提条件。

(二)烟叶基层建设全面加强为培育职业烟农打下基础

近年来,陕西省紧紧围绕"重心下移、着眼基层、突出服务、加强基础"的工作方针,大力开展烟叶基层建设工作。一是烟叶收购站点布局明显优化。制订了全省烟叶收购站点三年建设规划,明确三年撤并整合站点88个,将全省烟叶收购站点数量压缩至105个的目标。截至目前,全省共压缩整合烟叶收购点41个,烟叶收购站点数量由2013年的192个减少至151个,减少了约21.4%。二是烟叶基层队伍体系基本完善。目前,陕西省基层烟站共有职工875名。其中,正式职工659名,劳动派遣员工216名,基层烟叶队伍平均年龄42岁,年龄结构合理,激励机制完善,服务烟农意识强。三是基层管理进一步加强。在站点压缩、整合、改扩建的同时,同步开展基层站点管理体系梳理,通过优化工作流程,细化工作标准,形成了一套覆盖全程的基层站点管理体系,使烟叶基层管理更趋制度化和标准化;制定并落实了"六个严禁"等烟叶收购纪律规定,进一步强化了烟叶收购站点的规范化管理;积极推进烟叶生产管理信息系统、烟叶收购管理信息系统和办公自动化烟站管理模块,信息化管理水平进一步提升;全面推行烟叶收购"四级质量负责制",烟叶收购站点岗位设置和职责划分更加明晰。一系列基层建设成效为职业烟农队伍建设提供了生产便利,为陕西省全面加强职业烟农培育奠定了良好基础。

(三)烟用农机有效管理对培育职业烟农形成激励

自2009年开始实施烟用农机补贴以来,陕西省累计投入补贴资金4213.47万元,配置10种主要类型农机具7169台(套)。一是农机项目管理规范。严格烟用农机准入管理,分年度确定全省补贴农机产品名录;强化行业补贴资金使用管理,强化设备维修管护,烟用农机产权明晰。二是重点环节实现突破。结合陕西烟区实际,按照"先易后难"的推进原则,将适用山地烟区的中小型耕整地、起垄、中耕机械作为配置重点,积极引进各生产环节机械开展示范,提升整体机械化作业水平。三是强化农机专业化服务模式创新。结合陕西省烟区种植分散的实际,对合作社农机运行采取"统一管理、分片服务"的管理机制;合理定价,挖掘农机专业化服务需求;规范补贴,确保合作社农机正常运行。四是完善运行管护机制。聘请农机管理部门技术人员作为维修养护技术顾问,与农机生产厂家签订维修养护协议,利用农闲时间对合作社农机开展检修。烟用农机的有效管理加快了陕西省烟叶生产机械化进程,促进了规模化种植水平的提升,为实现职业烟农轻松种烟奠定了基础。

(四)科技创新持续推进要求职业烟农队伍水平快速跟进

近年来,陕西省烟叶生产紧紧围绕国家烟草专卖局原料保障上水平的总目标,按照原始创新与集成创新相结合的方法,扎实推进科技创新,烟叶质量水平逐年提高,烟叶风格特色进一步彰显,绿色生态、安全低害的品质特征为更多工业企业所认可,科技创新工作取得突出成效。一是烟叶生产技术创新项目成果丰硕。2011年至今,全省烟草系统累计开展烟叶生产技术科技创新项目75项,获奖科技成果34项,其中获省部级科技成果奖9项,通过国家烟草专卖局品种委员会审定的烟草新品种5个;获取国家专利30项,核心期刊发表论文183篇。二是科技创新成果转化成效显著。自育5个烟草新品种通过国家烟草专卖局品种委员会审定,省内外累计推广面积530万亩;"烟草主要病毒病与寄主互作的分子机理研究"项目在10余个省份累计推广面积1000万亩,取得经济效益103亿元;"四段三温"烘烤工艺推广取得了良好的效果,全省烤坏烟比例显著下降。三是烟叶关键生产技术推广成效显著。产区主栽品种进一步明确,K326、云烟系列品种种植面积达到23万亩;井窖式移栽和小苗膜下移栽推广面积占50%以上;三段五步、四段三温密集烘烤工艺更趋成熟完善;广泛开展了多种形式的土壤修复和养护,土壤保育意识不断增强;推广了烟蚜茧蜂防蚜技术,得到国家烟草专卖局的通报表彰。四是科技创新技术队伍更加优化。全省烟叶生产技术推广人员文化程度和技术资格不断提高,已形成覆盖烟叶生产技术指导、新技术培训和推广、新技术研究开发的综合生产技术服务体系。烟叶生产技术创新成果的推广和应用,必须依靠职业烟农科技能力的进一步提升来完成,只有培育具有科技意识的职业烟农,才能确保将各项科技成果更好地运用到烟叶实际生产中。

(五)政府和烟草部门共同推动为职业烟农培育提供保障

2013年,陕西省政府下发了《关于加快新型职业农民培育工作的意见》(陕政办发〔2015〕85号);2014年,省农业厅印发了《陕西省2014年新型职业农民培育整省推进工作方案》(陕农业办发〔2014〕25号),同时制定了认定管理、培训管理、考试考核管理等一系列培育管理制度,为陕西省实施职业化烟农队伍培育奠定了社会基础和政策保障。2015年5月,省烟草专卖局(公司)与省农业厅联合下发了《关于加快烟草新型职业农民培育工作的意见》(陕农业发〔2015〕59号),将全省1.8万名烟农全部纳入全省新型职业农民培育计划中,由各级政府统筹规划,烟草部门配合,共同制定培育目标和任务,共同开展培育工作。经认定的职业烟农将同时享受政府和行业提供的优惠扶持政策。该文件的出台,为下一步陕西省职业烟农培育工作全面开展提供了有力的政策保障。

三、陕西职业烟农培育情况

(一)职业烟农培育工作开展情况

2013年,陕西省安康、商洛、宝鸡等烟区开展了职业烟农培育工作探索，尝试制定了部分职业化烟农管理制度。2014年，根据省农业厅新型职业农民培育整省推进工作要求，在承担农业部职业农民培育试点任务的安康市旬阳县，率先开展了烟草产业新型职业农民培育工作试点，共培训职业烟农750人，通过资格评审300人。2015年，省烟草专卖局(公司)与省农业厅联合下发了《关于加快烟草新型职业农民培育工作的意见》(陕农业发〔2015〕59号)，计划至2020年，全省培育新型职业烟农10000人，其中初级6000人、中级3000人、高级1000人，造就一支综合素质高、生产经营能力强、主体作用发挥明显的新型烟农队伍。

(二)职业烟农培育对象

根据省政府新型职业农民培育要求，结合陕西省烟区生产实际，我们确定的职业烟农培育对象为：年龄在16岁至55岁之间；具备初中以上文化程度；自愿选择烤烟种植为主要职业，收入主要来源于烤烟产业；有适度的经营基础，年度种植面积在15亩以上；连续种烟2年以上；善于学习先进的文化科学知识，基本掌握现代烟草农业生产技术和操作技能。

(三)职业烟农资格标准

(1)初级职业烟农评审资格在符合陕西省职业烟农培育对象条件基础上，要求其种烟时间要求在2年以上，种烟面积在15亩以上，年收入达到当地农民人均纯收入5~10倍，且近2年种烟产量、产值等指标高于所在县区平均水平。

(2)中级职业烟农在初级职业烟农条件基础上，要求其达到高中或中专以上文化程度，或持初级证书1年以上，种烟时间3年以上，面积20亩以上，年收入达到当地农民人均纯收入10~20倍，且近3年种烟产量、产值等指标高于所在地市平均水平。

(3)高级职业烟农要求其达到大专以上文化程度，或高中文化程度且连续4年参加培训，并持初级证书1年以上，种烟时间5年以上，面积40亩以上，年收入达到全省农民人均纯收入20倍以上，且近3年种烟产量、产值等指标高于全省平均水平。

(四)培训体系

教育培训工作将参照《陕西省新型职业农民教育培训大纲》,依托以农广校为基础的"一主多元"的培训体系,按照"理论与实践相结合、农闲与农忙相结合、学用结合"的原则,按关键环节划分培训阶段,紧密结合农时季节组织实施,确保学习、生产"两不误"。烟草部门将依托现代烟草农业配套设施和烟农合作社建设烟草实训基地,为烟草职业农民实习、实践提供良好条件,并在培训经费上给予支持。培训结束后,按照《陕西省新型职业农民教育培训考试考核管理办法》,由农业局职业农民培育办公室对培训后的烟农统一组织考核。

(五)职业烟农认定管理

职业烟农资格认定和日常管理按照《陕西省新型职业农民培育认定管理暂行办法》(陕农业办发〔2014〕23号)执行。资格认定实行省、市、县3级认定。具体认定标准、评价办法由农业行政主管部门、烟草部门根据烤烟产业特点、职业烟农培育对象摸底调查情况进行分级制定。考核由省、市、县农业行政主管部门统一组织,烟草部门配合,经考核合格者,由农业行政主管部门颁发高、中、初级职业农民资格证书。

资格证实行动态管理。初级、中级职业烟农资格由县、市农业行政部门联合烟草部门进行复审,每年复审一次;高级职业烟农资格两年复审一次,复审由所在市农业行政部门、烟草部门和省烟草部门复核后,报省职业农民培育工作领导小组审验。

(六)扶持政策

取得初、中、高等级资格的职业烟农,除可以按照级别享受政府提供的土地流转、农业创业项目资金申请、信贷支持、教育培训等优惠扶持政策外,还可享受行业配套的优惠扶持政策。

(1)优先安排烟叶生产收购计划。

(2)优先安排烤房建设、农机补贴项目。

(3)优先供应烟叶生产物资,并根据生产需要适当扩大产前物资供应范围。

(4)优先提供学习培训、技术服务和专业化服务。

(5)享受烤烟种植保险补贴。根据职业烟农等级资格,享受不同比例的保险补贴。

(6)优先享受灾害救助补贴。

(7)对在年度生产中各方面表现突出的职业烟农,烟草部门将协调地方政府给予表彰,并给予一定资金奖励。

四、下一步工作打算

下一阶段,按照《关于加快烟草新型职业农民培育工作的意见》(陕农业发〔2015〕59号)的文件要求,陕西省行业将积极配合政府农业主管部门,全面落实各项工作任务,积极组织烟农参加职业农民培育和认定工作。一是在进一步摸清陕西省烟叶生产劳动力状况基础上,科学制定"十三五"职业烟农培育规划,努力推进全省职业烟农队伍建设有序实施。二是进一步加强培育工作的组织和协调,积极组织满足条件的烟农参加职业烟农资格认定。三是进一步创新和完善职业烟农优惠扶持政策,以稳定烟农队伍、激发生产热情为目标,开展差异化优惠扶持政策研究与试点。四是进一步完善培训内容,创新培训方式,在《陕西省新型职业农民教育培训大纲》的基础上,结合行业特点制订更加符合烟叶生产实际需求的培训计划,不断加强职业烟农对生产技能、烟叶市场形势的了解和学习,加强职业烟农在现代烟草农业建设等工作中的参与程度,提升培训质量和效果。五是以现代烟草农业设施和合作社为基础,完成陕西省职业烟农实践基地建设,创建良好的培训、实习条件,满足职业烟农培训需求。

2015年12月

推行星级管理,培育职业烟农队伍
——职业烟农培育的重庆奉节实践

——肖鹏、王飞、尹朝先、李悦朋

一、目的与意义

通过加强对烟农生产、收购环节的技术指导和检查,对烟农技术到位实行量化考核,考核结果与生产过程补贴、种植收购合同签订、分类星级评定挂钩,进一步提高烟叶标准化生产技术推广到位率,增强烟农诚信意识,优化烟农队伍,培养"以烟为主、精于此道"的职业化烟农,提升现代烟草农业整体生产水平。

二、评定原则

分环节下达指标,坚持实事求是、公平、公正、公开的原则实行百分制检查考核、公示,评出的星级烟农能真实体现落实政策好、生产水平高、诚实守信的特点。

三、评定对象

每年度与分公司签订正式烟叶种植收购合同的烟农。

四、评定内容

(一)种烟规模(10分)

种烟规模在20亩以上(含20亩)得10分,10亩以上(含10亩)20亩以下得8分,5亩以上(含5亩)10亩以下得6分,5亩以下不得分。

(二)田块规划(5分)

按好田好土种烟田块面积占总种烟面积的比例计分。好田好土需同时满足以下条件:种烟田块土层厚度达30 cm以上,土壤肥力达中等以上,坡度不超过20°,向阳,排涝顺畅,常年无病害发生的烟田。

(三)生产过程(60分)

(1)冬耕清残(5分):以2014年烟叶烘烤结束按时、按技术标准要求完成冬耕清残烟田面积的比例计分。

(2)备栽(10分):备栽时间4分,起垄完成时间最迟不超过4月15日,超过1天扣0.5分,扣完为止。备栽规范6分,要求垄体高度25 cm以上、垄体底宽60 cm以上、垄面宽35 cm以上、行距120 cm以内、垄体饱满、土粒细碎、覆膜严实,以上7项指标90%以上(含90%)达标,不扣分;低于90%,一项不达标扣0.5分,扣完为止。

(3)移栽(10分):移栽时间5分,1000 m以下烟区在5月5日前完成移栽,1000 m以上烟区在5月15日前完成移栽,90%以上(含90%)的烟田移栽在规定时间完成,不扣分;低于90%,超过1天扣0.5分,扣完为止。移栽规范5分,采用小苗井窖、三带深栽(穴口直径5~7 cm、穴深18~20 cm、带水、带药、带肥)、100%净作,以上6项指标90%以上(含90%)达标,不扣分;低于90%,一项不达标扣2分,扣完为止。

(4)不适用烟叶处理(10分):以不适用烟叶处理实际补贴金额/(合同面积×160元/亩)×100%计算得分。

(5)大田管理(15分):打顶6分,认真落实"准打顶"制度及二次平顶技术,得6分,到位率不高,视其情况酌情扣1~5分,早打顶、矮打顶不得分;田间卫生3分,田间卫生较好、杂草较少得2分,否则视情况扣分;田间长势2分,烟田长势良好得2分,否则视情况扣分;病虫害控制4分,无病虫害发生得4分,发病率5%以下得3分,发病率5%~10%得1分,10%以上不得分。

(6)烘烤(10分):成熟采收5分,推行"准采证"制度,每发现1次未经技术员准采而私自采收的扣2分,扣完为止;分类编杆5分,每发现1次未做好鲜烟分类的扣1分,扣完为止;实行专业化烘烤的加1分。

(四)合同履约率(10分)

实际交售数量/约定交售数量在95%和105%之间,得10分,超差按比例扣分(因自然灾害原因导致的减产的除外)。实际交售数量/约定交售数量≥120%或≤80%,不得分。

(五)烟叶收购(10分)

把烟收购:严格执行"四分法""约时""预检合格"交售,无明显混部位、把内纯度高、把头大小适中、无黑把头、无不同等级烟叶扎把、水分适中,得10分。严重混部位、把内超过3个(含3个)以上等级、水分超标、把头过大、用低次等烟叶扎把的,不予收购,不得分。把内等级达到2个,扣3分/次;把头过大,扣1分/次,扣完为止。

散叶收购:严格执行"四分法""约时"交售,无明显混部位和不收购等级烟叶,打捆规范、单捆烟叶重量达标、水分适中,得10分。严重混部位、不收购等级烟叶超过5%以上、水分超标,不予分级收购,不得分。打捆不规范、单捆烟叶重量超标等,扣1分/次,扣完为止。

(六)烤房维护(5分)

烤房维护及相关附属设施设备维护及时、到位,得5分;维护不及时、不彻底,酌情扣1~4分;不维护,不得分。

(七)其他

(1)不严肃执行"计划种植、合同收购"制度,少签多种或多签少种,实际种烟面积与合同面积相差50%以上的,评定为0分。

(2)有意套取生产过程补贴或救灾补贴,一经发现,评定为0分。

(3)拒不服从烟技员技术指导,一次扣10分,三次以上评定为0分。

(4)烟叶交售有意混部位、混杂物、混等级,行为严重的,评定为0分。

(5)烟叶交售不服从相关规定,不服从级别裁定,有意刁难收购工作人员,寻衅滋事的,评定为0分。

五、评定结果运用

(一)实行星级管理

按照评定内容,得分≥95分的,评为五星级烟农,五星级烟农数量占烟农总数量控制在10%以内;90分≤得分＜95分的,评为四星级烟农,四星级烟农数量占烟农总数量控制在20%以内;75分≤得分＜90分的,评为三星级烟农;75分以下(不包括75分)不参与星级评定。

(二)结果运用

(1)五星级烟农享受2015年优先签订烤烟种植收购合同、2015年免费供应烟苗、优先安排2015年烤房整套设备更换(前提是烤房加热设备需整套更换)、优先享受免分直收政策、优先推荐参与2014年全县优秀科技烟农评选。

(2)四星级烟农享受2015年优先签订烤烟种植收购合同、2015年享受半价供应烟苗。

(3)三星级及其以下等级烟农,不享受相关优惠待遇。

六、其他要求

(1)烟农各环节评定由片区烟技员在该环节工作完成后及时评定,各环节评定结果要告知烟农并签字确认,年终评级结果(附件1)一式两份,一份交烟农保管,一份烟草站留底,以技术组为单位将考核评定结果汇总上报烟草站,在烟草站审核同意后予以公示(附件2),烟草站于11月30日前上报电子版至烟叶科备案。烟农对评定结果不满意不签字的,由技术组长仲裁,技术组裁定结果为终裁。

（2）分公司、烟草站、技术组要对技术员对烟农的评定结果不定期开展抽查，凡发现烟技员未公开、公正、公平评定的，代烟农签字的，将视其情节严重程度，给予相应处理。

附件：1.奉节烟草分公司烟农分类等级评定表
　　　2.奉节烟草分公司烟农分类等级评定公示表

附件1　奉节烟草分公司烟农分类等级评定表

烟草站：　　　技术组：　　　时间：　年　月　日　　烟农姓名：　　　评定星级：

序号	指标名称		评定细则	评定情况	得分	烟农签字
1	种烟规模（10分）		种烟规模在20亩以上（含20亩）得10分，10亩以上（含10亩）20亩以下得8分，5亩以上（含5亩）10亩以下得6分，5亩以下不得分			
2	田块规划（5分）		按好田好土种烟田块面积占总种烟面积的比例计分。好田好土需同时满足以下条件：种烟田块土层厚度达30 cm以上，土壤肥力达中等以上，坡度不超过20°，向阳、排涝顺畅，常年无病害发生的烟田			
3	生产过程（60分）	冬耕清残（5分）	以2014年烟叶烘烤结束按时、按技术标准要求完成冬耕清残烟田面积的比例计分			
		备栽（10分）	备栽时间4分，起垄完成时间最迟不超过4月15日，超过1天扣0.5分，扣完为止。备栽规范6分，要求垄体高度25 cm以上、垄体底宽60 cm以上、垄面宽35 cm以上、行距120 cm以内、垄体饱满、土粒细碎、覆膜严实，以上7项指标90%以上（含90%）达标，不扣分；低于90%，一项不达标扣0.5分，扣完为止			

续表

序号	指标名称		评定细则	评定情况	得分	烟农签字
3	生产过程(60分)	移栽(10分)	移栽时间5分,1000 m以下烟区在5月5日前完成移栽,1000 m以上烟区在5月15日前完成移栽,90%以上(含90%)的烟田移栽在规定时间完成,不扣分;低于90%,超过1天扣0.5分,扣完为止。移栽规范5分,采用小苗井窖、三带深栽(穴口直径5~7 cm、穴深18~20 cm、带水、带药、带肥)、100%净作,以上6项指标90%以上(含90%)达标,不扣分;低于90%,一项不达标扣2分,扣完为止			
		不适用烟叶处理(10分)	以不适用烟叶处理实际补贴金额/(合同面积×160元/亩)×100%计算得分			
		大田管理(15分)	打顶6分,认真落实"准打顶"制度及二次平顶技术,得6分,到位率不高,视其情况酌情扣1~5分,早打顶、矮打顶不得分;田间卫生3分,田间卫生较好、杂草较少得2分,否则视情况扣分;田间长势2分,烟田长势良好得2分,否则视情况扣分;病虫害控制4分,无病虫害发生得4分,发病率5%以下得3分,发病率5%~10%得1分,10%以上不得分			
		烘烤(10分)	成熟采收5分,推行"准采证"制度,每发现1次未经技术员准采而私自采收的扣2分,扣完为止;分类编杆5分,每发现1次未做好鲜烟分类的扣1分,扣完为止;实行专业化烘烤的加1分			
4	合同履约率(10分)		实际交售数量/约定交售数量在95%和105%之间,得10分,超差按比例扣分(因自然灾害原因导致的减产的除外)。实际交售数量/约定交售数量≥120%或<80%,不得分			

续表

序号	指标名称	评定细则	评定情况	得分	烟农签字
5	烟叶收购（10分）	把烟收购：严格执行"四分法""约时"、"预检合格"交售，无明显混部位、把内纯度高、把头大小适中、无黑把头、无不同等级烟叶扎把、水分适中，得10分。严重混部位、把内超过3个(含3个)以上等级、水分超标、把头过大、用低次等烟叶扎把的，不予收购，不得分。把内等级达到2个，扣3分/次；把头过大，扣1分/次，扣完为止。散叶收购：严格执行"四分法""约时"交售，无明显混部位和不收购等级烟叶，打捆规范、单捆烟叶重量达标，水分适中，得10分。严重混部位、不收购等级烟叶超过5%以上、水分超标，不予分级收购，不得分。打捆不规范、单捆烟叶重量超标等，扣1分/次，扣完为止			
6	烤房维护（5分）	烤房维护及相关附属设施设备维护及时、到位，得5分；维护不及时、不彻底，酌情扣1~4分；不维护，不得分			
7	其他	(1)不严肃执行"计划种植、合同收购"制度，少签多种或多签少种，实际种烟面积与合同面积相差50%以上的，评定为0分 (2)有意套取生产过程补贴或救灾补贴，一经发现，评定为0分 (3)拒不服从烟技员技术指导，一次扣10分，三次以上评定为0分 (4)烟叶交售有意混部位、混杂物、混等级，行为严重的，评定为0分 (5)烟叶交售不服从相关规定，不服从级别裁定，有意刁难收购工作人员，寻衅滋事的，评定为0分			

附件2 奉节烟草分公司烟农分类等级评定公示表

烟草站：　　　　　　技术组：　　　　　　时间：　年　月　日

乡村社	姓名	评定指标											合计得分	星级	考核人
		种植规模(10分)	田块规划(5分)	生产过程考核(60分)						合同履约率(10分)	烟叶收购(10分)	烤房维护(5分)	其他			
				冬耕清残(5分)	备栽(10分)	移栽(10分)	不适用烟叶处理(10分)	大田管理(15分)	烘烤(10分)							

站长：　　　　　　　　技术组：　　　　　　　　　制表：

2015年12月

职业烟农典型案例总结分析
——徐宸、李瑜、周振、周浩、戴成宗、李枝等

通过上述重庆、山东、安徽、贵州、湖南、四川、陕西等典型案例的总结分析，大体可以得出如下结论：

一、关于职业烟农的概念定义

通过分析典型案例，可以发现，各产区在职业烟农的认定上，有几个特征是高度一致的：一是有适度的种植规模。普遍要求达到20亩以上。二是将烟叶生产作为主业经营。烟叶经营收入占家庭收入的比重普遍达到90%以上。三是在种植年限和生产技术上有相对较高的要求，普遍要求种植年限在3年以上。四是在烟农自身素质上要求达到烟农平均水平以上。如文化程度、年龄结构等要高于烟农平均水平。五是对烟农诚信程度的要求较高。体现在合同履约较高，无不良诚信记录及违反收购纪律等行为。

基于此，本文将职业烟农定义为"在适度规模种植基础上逐步发展形成的新型烟叶生产经营主体，将烟叶生产作为产业进行经营，以烟叶经营收入为家庭经济主要来源，有文化、懂技术、会经营、善管理、守诚信的农户"，无疑是科学的。

二、关于职业烟农的资格条件

纵观各典型案例，大多采取"资格认定+等级评定"的培育方式，即职业烟农评定首先要具备一定的资格门槛，并不是所有的烟农都能进行职业烟

农评定,只有满足了一定资格条件,才能开展职业烟农评定,才能进行职业烟农等级划分,才能享受对应等级的各项优惠。

通过分析典型案例,职业烟农的资格门槛大体可以归纳如下:
(1)种植规模达到20亩以上(含20亩);
(2)有独立劳动能力,小学以上学历(含小学);
(3)连续种烟不少于3年;
(4)生产经营能力强,技术执行率高,合同履约率高;
(5)烟叶质量好,亩均售烟收入超过当地平均水平;
(6)无不良诚信记录及违反收购纪律等行为。

三、关于职业烟农的等级评定

在满足资格的条件下,各典型案例均对职业烟农进行了等级划分。根据各地实际,等级层次和评判标准各不相同,有的按照非职业烟农、三星级、四星级、五星级进行划分(如重庆奉节),有的按照A、B、C、D、E等级进行划分(如四川广元),有的按照好、中、差进行划分(如云南大理)。尽管标准和层级不一,但评判的分值基本一致(主要为百分制),评判的指标基本趋同,主要指标及权重归纳起来如下:

(1)经营情况。包括种植规模、亩均收益、经营收入、等级结构等,指标权重占30%左右。

(2)技术落实。包括冬翻深耕、移栽、采收、烘烤等环节适用技术落实与地膜、烟杆回收等清洁生产技术落实情况,指标权重占30%左右。

(3)作业方式。包括机械作业、专业服务购买情况,指标权重占20%左右。

(4)职业水平。主要包括职业教育、技能培训、技能鉴定情况等,指标权重占20%左右。

这就要求,在出台全国层面职业烟农培育评定办法的时候,一方面,要对评定体系和指标设置进行统一的规定,各产区指标范围必须在规定的范围内。一方面,又要结合产区实际,给予一定自由裁量权,设置具体评定指标,细化评定指标权重,制定职业烟农等级划分标准。

四、关于职业烟农的评定流程

评定流程主要解决两方面的问题:一是主体的划分,即谁来负责宏观规划、体系制定、标准出台,谁来负责组织实施,谁来负责政策宣传、具体评定及动态管理。二是评定流程。即从启动、申请、初审、评定、确认、公示、颁证这一系列流程如何具体操作。从典型案例分析来看:

(一)主体确认及职责划分

省级烟草商业企业负责制定职业烟农评定总体方案及评定标准,地市级公司为职业烟农评定的主体,负责组织实施职业烟农评定;县级分公司及烟站负责职业烟农政策宣传以及评定资格和星级审核。

(二)评定流程及操作细则

具体包括:(1)启动。烟站向烟农宣传职业烟农各项政策,动员烟农参加职业烟农评定工作。(2)申请。烟农向烟站提出职业烟农申请,经烟站核实后,统一汇总上报至县级分公司。(3)资格初审。由县级分公司对申请人年龄、文化程度、种植规模、种植年限、合同履约、诚信及技能掌握等进行资格初审,初审合格的烟农需签字确认。(4)资格确认和星级初评。收购结束后,由县级分公司对初审合格的职业烟农进行资格确认和星级初评。(5)公示。烟站对通过初评的职业烟农人员名单、对应等级在相关村、镇、烟站进行为期多天的公示。如有异议或有投诉意见的,县级分公司和烟站应及时调查核实。县级分公司对公示无异议的职业烟农名单,统计整理上报地市级烟草公司。(6)评定。地市级烟草公司对县级分公司上报结果进行评定,并将评定结果下发至县级分公司与烟站。(7)建档发证。烟站按照"一户一档"的要求,建立职业烟农档案,录入烟叶生产信息系统,并颁发年度职业烟农证书。

五、关于职业烟农的动态管理

动态管理主要是解决职业烟农的认定期限问题,从各典型案例来看,基本很少实行终身制的,多数为一年制,部分实行两年制或三年制。以一年制为例,每年烟叶收购结束后,基层烟草企业按照资格评定和星级评定标准以及评定流程对上一年度已评定的职业烟农进行复核,确认年度职业烟农资格和等级。

六、关于职业烟农的扶持政策

从典型案例分析来看,多数根据职业烟农等级,出台了相配套的分类扶持政策。主要扶持政策包括:

(1)计划安排。原则上优先保证职业烟农计划安排,职业烟农内部按照从高到低等级顺序进行先后安排。在职业烟农计划安排得到满足的前提下,再考虑非职业烟农的计划安排,直到计划分配完为止。

(2)生产投入。改变传统的农药、农膜、肥料、灾害保险等产前投入平均分配的方式,按照职业烟农与非职业烟农的划分以及职业烟农内部等级评定的不同,设置差异化的产前投入补贴系数。原则上,职业烟农补贴要略高于非职业烟农,高等级职业烟农要略高于低等级职业烟农,引导生产要素向高等级职业烟农集中。

(3)专业服务。协调烟农专业合作社,根据市场需求优先满足职业烟农专业服务需求,逐步引导非职业烟农接受专业化服务。行业适当对由合作社提供的、针对职业烟农的专业服务进行补贴,具体补贴方式及补贴标准各产区不同。

(4)银行信贷。协调政府扶贫及金融部门,对不同等级的烟农提供不同信用额度以及最低贷款利率的服务。原则上,信用额度职业烟农高于非职业烟农,高等级职业烟农高于低等级职业烟农。贷款利率职业烟农低于非职业烟农,高等级职业烟农低于低等级职业烟农。

(5)种植保险。部分产区探索由烟草公司、政府、烟农三方出资,根据职业烟农与非职业烟农的划分以及职业烟农内部等级评定的不同,针对性的配套烟叶政策性种植保险,适度向高等级职业烟农倾斜,弥补烟农因旱灾、病虫害、洪涝、雹灾、风灾、冻灾等各种自然灾害所导致的直接经济损失。

(6)土地流转。引导合作社组织开展社内土地流转服务,统一规划烟地,稳定职业烟农流转规模,重点引导非职业烟农进行土地流转,解决职业烟农种烟土地问题。

(7)其他扶持政策。部分产区对高等级职业烟农提供种烟状元奖励,子女上学奖励,健康体检补贴,外出考察学习,工作服发放,享受免分直收、推选优秀烟农,优先安排设施配套及烤房更换等扶持政策。

而从扶持政策实际执行来看,尽管不少产区出台了正式的方案,但真正能够落实到位的,目前主要是计划安排、专业服务、土地流转、设施配套、评选奖励这几个方面,银行信贷、种植保险等政策只是小范围的试点,大面积推行还有待进一步的论证。

七、关于职业烟农的教育培训

从典型案例分析来看,各产区均在职业烟农的教育培训上进行探索,归结起来,主要有三类:

(1)职业教育。包括与中等职业教育中心、农业高等院校合作,开展职业烟农教育。

(2)技能培训。通过印发资料、办学习班、现场交流、典型交流、入户指导、远程教育、现场示范、技能比武等培训方式,增加职业烟农参与培训的主动性。

(3)技能鉴定。依托行业内外技能鉴定中心开展职业烟农种植、调制、分级相关技能鉴定工作,如重庆彭水与人社局合作,进行烘烤师鉴定。

从实际执行来看,主要以开展技能培训的居多,与中等职业教育中心、农业高等院校、行业内外技能鉴定中心合作,进行培育鉴定的较少,主要限于当地教育条件和政府重视程度,但这是今后努力的方向。

2016年12月

第四部分

政策法规

农业部关于印发
《"十三五"全国新型职业农民培育发展规划》的通知

各省、自治区、直辖市及计划单列市农业(农牧、农村经济)、农机、畜牧、兽医、农产品加工、渔业(水利)厅(局、委、办),新疆生产建设兵团农业局:

为贯彻落实党中央、国务院决策部署,加快培育新型职业农民,造就高素质农业生产经营者队伍,强化人才对现代农业发展和新农村建设的支撑作用,农业部编制了《"十三五"全国新型职业农民培育发展规划》,经农业部2017年第1次常务会议审议通过。现予以印发,请结合实际,认真组织实施。

农业部
2017年1月9日

"十三五"全国新型职业农民培育发展规划

为贯彻落实《国家中长期人才发展规划纲要(2010—2020年)》和《全国农业现代化规划(2016—2020年)》的部署,加快构建新型职业农民队伍,强化人才对现代农业发展和新农村建设的支撑作用,特编制本规划。

一、发展形势

新型职业农民是以农业为职业、具有相应的专业技能、收入主要来自农业生产经营并达到相当水平的现代农业从业者。2012年以来,按照党中央国务院的部署要求,农业部、财政部等部门启动实施新型职业农民培育工程,各地加大组织实施力度,创新机制、建立制度、健全体系,新型职业农民培育工作取得明显进展。

(一)发展成效

新型职业农民正在成为现代农业建设的主导力量。随着现代农业加快发展和农民教育培训工作有效开展,一大批新型职业农民快速成长,一批高素质的青年农民正在成为专业大户、家庭农场主、农民合作社领办人和农业企业骨干,一批农民工、中高等院校毕业生、退役士兵、科技人员等返乡下乡人员加入到新型职业农民队伍,工商资本进入农业领域,"互联网+"现代农业等新业态催生一批新农民,新型职业农民正逐步成为适度规模经营的主体,为现代农业发展注入新鲜血液。截至2015年底,全国新型职业农民达到1272万人,比2010年增长55%,农民职业化进程不断提速。

具有中国特色的新型职业农民培育制度基本确立。适应新型职业农民培育要求,经过创新探索和试点示范,基本确立了教育培训、规范管理、政策扶持"三位一体",生产经营型、专业技能型、专业服务型"三类协同",初级、中级、高级"三级贯通"的新型职业农民培育制度框架,为规范化、系统化培育新型职业农民奠定了基础。

"一主多元"的新型职业农民培育体系初步形成。各地加强工作协同,优化资源配置,形成了党委政府主导,农业部门牵头,相关部门密切配合,各类教育培训机构和社会力量广泛参与的新型职业农民培育工作格局。发挥农广校、涉农院校、科研院所、农技推广机构在培训中的作用,鼓励和支持农业企业、农业园区、农民合作社等市场主体建立实训基地和农民田间学校,支持农技推广机构对接跟踪服务,初步形成了以各类公益性涉农培训机构为主体、多种资源和市场主体共同参与的"一主多元"新型职业农民教育培训体系。

(二)面临的挑战

从外部环境来看:城乡发展差距仍然较大,农村公共设施和公共服务滞后,农业新老矛盾交织,生产成本上升,部分农产品价格持续走低,农业比较效益下降,农民持续增收压力大,农村劳动力特别是青壮年劳动力留农务农的内生动力总体不足,新型职业农民队伍发展面临基础不牢、人员不稳等问题,农民要成为体面的职业任重道远。

从内部条件来看:新型职业农民培育的针对性、规范性、有效性亟待提高,高水平师资缺乏,实训及创业孵化基地、信息化手段等基础条件薄弱,社会资源广泛参与的机制不活,培育精准程度总体不高,与现代农业建设加快推进、新型农业经营主体蓬勃发展的需要不相适应。

(三)战略需求

培育新型职业农民是解决"谁来种地"问题的根本途径。随着新型工业化和城镇化进程加快,大量农村青壮年劳动力进城务工就业,务农劳动力数量大幅减少,"兼业化、老龄化、低文化"的现象十分普遍。很多地方务农劳动力平均年龄超过50岁,文化程度以小学及以下为主,"谁来种地""如何种好地"问题成为现实难题。迫切需要加快培育新型职业农民,吸引一大批年轻人务农创业,形成一支高素质农业生产经营者队伍,确保农业后继有人。

培育新型职业农民是加快农业现代化建设的战略任务。现代农业发展关键在人,培育新型职业农民就是培育中国农业的未来。"十三五"时期,农业现代化要取得明显进展,构建现代农业产业体系、生产体系、经营体系,走产出高效、产品安全、资源节约、环境友好的道路,确保国家粮食安全和重要农产品有效供给,提高农业国际竞争力,迫切需要把农业发展方式转到依靠科技进步和提高劳动者素质上来,加快培养一批综合素质好、生产技能强、经营水平高的新型职业农民。

培育新型职业农民是推进城乡发展一体化的重要保障。长期以来,我国劳动力、资金、土地等要素资源大量从农村流向城镇,导致工农、城乡发展失衡,成为我国经济社会发展的突出矛盾。推进城乡发展一体化,根本是要促进城乡要素平等交换和公共资源均衡配置。迫切需要大力培育新型职业农民,提高农民的科学文化素质和生产经营能力,推动农民由身份向职业转变,逐步成为体面的职业,让广大农民平等参与现代化进程、共同分享现代化成果;吸引一批农民工、中高等院校毕业生、退役士兵、科技人员等到农村创新创业,带动资金、技术、管理等要素流向农村,发展新产业新业态,增强农村发展活力,繁荣农村经济,缩小城乡差距。

培育新型职业农民是全面建成小康社会的重大举措。全面建成小康社会,最艰巨最繁重的任务在农村,重点难点在农民,尤其是贫困地区的农民。农村全面小康,关键是要促进农民收入持续增长。目前,农民增收的渠道还不多、能力比较弱,持续增收的长效机制还没有建立起来。迫切需要培育一支创新创业能力强的新型职业农民队伍,推动农村产业转型升级,发挥示范带动作用,促进贫困农民增收致富,确保农村不拖全面小康的后腿。

二、总体要求

(一)指导思想

全面贯彻党的十八大和十八届三中、四中、五中、六中全会精神,深入贯彻习近平总书记系列重要讲话精神，牢固树立新发展理念，坚持把科教兴农、人才强农、新型职业农民固农作为重大战略，以提高农民、扶持农民、富裕农民为方向，以吸引年轻人务农、培养职业农民为重点，建立专门政策机制，完善培育制度，强化培育体系，提升培育能力，通过培训提高一批、吸引发展一批、培养储备一批，加快构建一支有文化、懂技术、善经营、会管理的新型职业农民队伍，为农业现代化建设提供坚实的人力基础和保障。

（二）基本原则

坚持政府主导。新型职业农民培育具有公共性、基础性和社会性，要纳入经济社会发展总体规划，加强统筹协调，制定扶持政策，加大经费投入，改善培育条件，营造良好氛围。

坚持市场机制。发挥市场在资源配置中的决定性作用，尊重农民意愿，突出问题导向，满足农民需求，调动农民参与培育的积极性；建立各类主体参与培育的有效机制，调动社会力量和市场主体参与的积极性，增强培育活力，规范培育行为，提高培育质量。

坚持立足产业。把服务现代农业产业发展作为培育新型职业农民的出发点和落脚点，围绕农业供给侧结构性改革工作主线，以绿色发展为导向，以提质增效和农民增收为目标，着力培育壮大新型农业经营主体，加快推进农业转型升级，促进主导产业、特色产业和优势产业做大做强。

坚持精准培育。着眼构建新型职业农民队伍，科学遴选培育对象，分产业、分类型、分层级、分模块实施教育培训，强化规范管理、政策扶持和跟踪服务，把职业农民培养成建设现代农业的主导力量。

（三）发展目标

到2020年，新型职业农民队伍不断壮大，总量超过2000万人，务农农民职业化程度明显提高；新型职业农民队伍总体文化素质、技能水平和经营能力显著改善；农业职业培训普遍开展，线上线下培训融合发展，基本实现新型农业经营主体带头人轮训一遍。新型职业农民培育工作覆盖所有的农业县市区，培育制度健全完善，培育机制灵活有效，培育能力适应需要，以公益性教育培训机构为主体、多种资源和市场主体有序参与的"一主多元"新型职业农民教育培训体系全面建立。"十三五"新型职业农民培育发展主要指标,见表4-1。

表4-1 "十三五"新型职业农民培育发展主要指标

指标	2015年	2020年	年均增长	指标属性
新型职业农民队伍数量	1272万	2000万	146万	预期性
高中及以上文化程度占比	30%	≥35%	1个百分点	预期性
现代青年农场主培养数量	1.3万	≥6.3万	≥1万	约束性
农村实用人才带头人培训数量	6.7万	16.7万	≥2万	约束性
农机大户和农机合作社带头人培训数量	示范性培训为主	≥5万	1万	约束性
新型农业经营主体带头人培训数量	示范性培训为主	新型农业经营主体带头人基本接受一次培训	≥60万	预期性
线上教育培训开展情况	试点性开展	完善在线教育平台,开展线上培训的课程不少于总培训课程的30%;开展线上跟踪服务	≥6%	预期性

三、主要任务

(一)选准对象、分类施策,提高新型职业农民培育的针对性

遴选重点培育对象。以县为主,深入开展摸底调查,围绕现代农业产业发展、新型农业经营主体发育和农业重大工程项目实施,选准培育对象,建立培育对象数据库。优先从国家现代农业示范区、农村改革试验区、粮食生

产功能区、重要农产品生产保护区、特色农产品优势区、农业可持续发展试验示范区、现代农业产业园遴选培育对象,将新型农业经营主体信息直报平台中的人员纳入培育对象。从类型上分,按照新型农业经营主体和农业社会化服务主体发展情况,重点遴选专业大户、家庭农场经营者、农民合作社带头人、农业企业骨干和返乡下乡涉农创业者为生产经营型职业农民培育对象,遴选在新型农业经营主体稳定就业的农业工人(农业雇员)为专业技能型职业农民培育对象,遴选从事农业产前、产中、产后经营性服务的骨干人员为专业服务型职业农民培育对象。从产业上分,根据农业产业发展需要,重点遴选粮食和主要农产品适度规模生产,种植业、畜牧业、渔业、农产品加工业转型升级,休闲农业与乡村旅游、农村一二三产业融合等产业领域和农机、植保、兽医、质量安全、农村信息等服务行业的从业者。把产业扶贫建档立卡贫困户优先遴选为职业农民培育对象。从渠道上分,把具有一定产业基础的务农农民作为培训提高的对象;把到农村创业兴业的农民工、中高等院校毕业生、退役士兵、科技人员等作为吸引发展的对象;把接受中、高等职业教育的农民和涉农专业在校学生作为培养储备的对象。

科学设置培训内容。围绕提升新型职业农民综合素质、生产技能和经营管理能力,科学确定相应培训内容。在综合素质方面,重点设置职业道德素养、团队合作、科学发展等内容;在生产技能方面,重点设置新知识、新技术、新品种、新成果、新装备的应用,市场化、信息化、标准化和质量安全等内容;在经营管理能力方面,重点设置创新创业、品牌创建、市场营销、企业管理、融资担保等内容。在农民职业教育方面,推动农业职业教育课程改革,设置职业素养、创业实践、产业融合等内容,提高教育培养的系统性科学性,满足高素质新型职业农民培育需求。

分类分层开展培训。分类型、分产业、分等级制定培训标准,设置培训模块和培训课程,组建教学班,合理调配师资力量,开展精细化培训。部、省、市、县分工协作,部省重点开展经营管理、创业兴业能力以及师资培训,市、县重点开展技术技能培训;部级重点抓好农民企业家、国家级农业产业化龙头企业和示范合作社带头人培训,省级重点抓好青年农场主、省级农业产业化龙头企业和示范性合作社带头人培训,市县级根据当地主导产业发展需求,统筹抓好新型农业经营主体带头人、务农农民、农业工人、社会化服务人员的培训工作。

(二)创新机制、多措并举,增强新型职业农民培育的有效性

创新培育机制。健全完善"一主多元"新型职业农民教育培训体系,统筹利用农广校、涉农院校、农业科研院所、农技推广机构等各类公益性培训资源,开展新型职业农民培育。充分发挥市场机制作用,鼓励和支持有条件的农业企业、农民合作社等市场主体,通过政府购买服务、市场化运作等方式参与培育工作,推动新型职业农民培育面向产业、融入产业、服务产业。深化产教融合、校企合作,发挥农业职业教育集团的作用,支持各地整合资源办好农民学院,拓宽新型职业农民培育渠道。鼓励农业园区、农业企业发挥自身优势,建立新型职业农民实习实训基地和创业孵化基地,引导农民合作社建立农民田间学校,为新型职业农民提供就近就地学习、教学观摩、实习实践和创业孵化场所。

探索培育模式。坚持理论与实践相结合,集中培训与现场实训相结合,线上培训与线下培训相结合。采取"一点两线、全程分段"的培育模式,即以产业发展为立足点,以生产技能和经营管理能力提升为两条主线,在不少于一个产业周期内,分阶段组织集中培训、实训实习、参观考察和生产实践。鼓励各地结合实际,大力推行农民田间学校,探索菜单式学习、顶岗实训、创业孵化等多种培育方式。鼓励有条件的地方组织新型职业农民走出去,开展跨区域和国际交流。

运用信息化手段。建设新型职业农民信息化服务云平台,对接12316农业综合信息服务平台,整合农业专家和农技推广服务等线上资源,充分利用云计算、大数据、互联网、智能装备等现代信息技术手段,为农民提供灵活便捷、智能高效的在线教育培训、移动互联服务和全程跟踪指导,提高培育效果。

(三)规范认定、科学管理,加强新型职业农民培育的规范性

规范认定管理。原则上由县级以上(含)人民政府制定认定管理办法,主要认定生产经营型职业农民,以职业素养、教育培训情况、知识技能水平、生产经营规模和生产经营效益等为参考要素,明确认定条件和标准,开展认定工作。有条件的地方可探索建立按初、中、高三个等级开展分级认定。要充分尊重农民意愿,不得强制或限制农民参加认定。对于专业技能型和专业服务型职业农民,鼓励参加国家职业技能鉴定。

规范培育管理。在各级农业行政主管部门的领导下,依托农民科技教育培训中心(农业广播电视学校)等专门组织管理机构,搭建新型职业农民培育工作基础平台,做好需求调研、培育对象遴选、培育计划和方案编制、认定管理事务、数据库信息维护和培训标准编制、师资库建设、教材开发、绩效评估等基础工作,连接多种资源和市场主体,对接跟踪服务和政策扶持,提高培育工作的专业化、规范化水平。

规范信息管理。完善新型职业农民信息管理系统,健全新型职业农民培育信息档案和数据库,及时录入基本情况、教育培训、产业发展、政策扶持等信息,并根据年度变化情况及时更新相关信息,提高新型职业农民信息采集、申报审核、过程监控、在线考核等信息化管理服务水平。各地可结合实际,积极探索新型职业农民注册登记制度,鼓励新型职业农民到当地农业部门注册登记,建立新型职业农民队伍动态管理机制。

(四)跟踪服务、定向扶持,提升新型职业农民的发展能力

加强跟踪指导服务。依托新型职业农民培育工程项目,组织培训机构和实训基地对新型职业农民培育对象开展一个生产周期的跟踪指导;推动农技推广机构、农业科研院所、涉农院校等公益性机构将定向服务新型职业农民纳入绩效考核内容,建立跟踪服务长效机制;支持新型农业经营主体和农业社会化服务组织面向新型职业农民开展市场化服务。

加大政策扶持力度。支持新型职业农民享受新型农业经营主体的扶持政策。要梳理现有对新型农业经营主体的扶持政策,确保其落到新型职业

农民头上。鼓励新型职业农民带头创办家庭农场、农民合作社等各类新型农业经营主体,发展多种形式的适度规模经营,通过土地流转、产业扶持、财政补贴、金融保险、社会保障、人才奖励激励等政策措施,推进新型职业农民和新型农业经营主体"两新"融合、一体化发展。支持新型职业农民享受创新创业扶持政策。支持新型职业农民创新创业,享受简便市场准入、金融服务、财政支持、用地用电、创业技能培训等鼓励返乡创业的政策措施。支持新型职业农民对接城镇社保政策。有条件的地方,支持新型职业农民参加城镇职工养老、医疗等社会保障,解决新型职业农民长远发展的后顾之忧。

鼓励交流合作。总结各地新型职业农民自发组建合作组织和开展交流合作的经验,支持新型职业农民在产业发展、生产服务、营销促销等方面开展联合与合作,加强对新型职业农民协会、联合会、创业联盟等组织的指导和服务,帮助健全管理制度、完善运行机制,促进职业农民共同发展。鼓励支持新型职业农民参加多种形式的展览展示、创新创业项目路演和技术技能比赛。

(五)巩固基础,改善条件,提升新型职业农民培育的保障能力

加强师资队伍建设。完善师资选聘管理制度,建立开放共享的新型职业农民培育师资库,重点充实职业道德、经营管理、创业指导、品牌建设、质量安全、市场营销和电子商务等方面的师资。加强师资考核评价,建立培育对象直接评价机制,对师资队伍实行动态管理。加大师资培训力度,支持开展形式多样的教学竞赛、岗位练兵等活动,引导专兼职教师自觉更新知识,推介优秀教师和精品课程,不断提高教育培训能力。

改善培育基础条件。支持教育培训机构充实教学设施设备,改善办学条件,完善信息化教学手段,加强基地建设,遴选建设一批全国新型职业农民培育示范基地,支持各地重点建设实训基地、创业孵化基地和农民田间学校。根据新型职业农民分层培训需求,部省重点加强教学资源开发条件和信息化建设,提升职业教育和培育管理能力;市县重点完善现场教学、在线学习和实习实训条件,提升基础培训和服务能力。

优化教学培训资源。健全教材、课程等教学资源开发选用制度,农业部负责全国通用性文字教材、音视频教材和网络课件等教学资源开发,省级负责区域性教学资源开发,市、县级负责地方特色教学资源开发,形成以全国和省级通用教学资源、地方和特色教学资源衔接配套的新型职业农民教学资源体系。开展精品教材、精品网络课件等教学资源评价推介活动,鼓励各地优先选用优质教学资源,确保培训质量。

四、重点工程

(一)新型职业农民培育工程

中央和地方财政支持实施新型职业农民培育工程,开展整省、整市和整县示范推进,逐步实现所有农业县市区全覆盖。"十三五"期间,重点实施新型农业经营主体带头人轮训计划、现代青年农场主培养计划和农村实用人才带头人培训计划,加快建立一支规模宏大、结构合理、素质优良的新型职业农民队伍。

新型农业经营主体带头人轮训计划以专业大户、家庭农场经营者、农民合作社带头人、农业龙头企业负责人和农业社会化服务组织负责人等为对象,力争用5年时间将其轮训一遍,提高综合素质和职业能力。加强对新型农业经营主体带头人的规范管理、政策扶持、跟踪服务,支持其发展多种形式的适度规模经营,发挥新型职业农民引领现代农业发展的主力军作用。

现代青年农场主培养计划以中等教育及以上学历,年龄在18~45周岁之间的返乡下乡创业农民工、中高等院校毕业生、退役士兵以及农村务农青年为对象,开展为期3年的培养,其中培育2年、后续跟踪服务1年。加强对现代青年农场主的培训指导、创业孵化、认定管理、政策扶持,吸引年轻人务农创业,提高其创业兴业能力。"十三五"期间,全国每年培养1万名以上的现代青年农场主。

农村实用人才带头人培训计划以贫困地区农村两委干部、产业发展带头人、大学生村官等为主要对象,以现代农业和新农村发展的先进典型村为依托,按照"村庄是教室、村官是教师、现场是教材"的培养模式,通过专家授课、现场教学、交流研讨，不断提高农村带头人增收致富本领和示范带动能力。

(二)新型职业农民学历提升工程

支持涉农职业院校开展新型职业农民学历教育，面向专业大户、家庭农场经营者、农民合作社负责人、农业企业经营管理人员、农村基层干部、返乡下乡涉农创业者、农村信息员和农业社会化服务人员等，采取农学结合、弹性学制、送教下乡等形式开展农民中高等职业教育，重点培养具有科学素养、创新精神、经营能力和示范带动作用的新型农业经营主体带头人与农业社会化服务人员，有效提高新型职业农民队伍综合素质和学历水平。建立学分银行，将培训内容按学时折算学分，搭建农民职业培训与中、高等职业教育衔接"立交桥"，为新型职业农民实现多样化选择、多路径成才创造有利条件。鼓励高等农业院校大力实施卓越农林人才培养计划，创新教育培养模式，面向现代农业培养领军型职业农民。

(三)新型职业农民培育信息化建设工程

以提升新型职业农民培育信息化服务能力为目标，以改善教育培训和管理服务条件为重点，打造国家、省、县三级新型职业农民培育信息化平台，提供在线学习、管理考核、跟踪指导服务。国家信息化平台重点建设国家培育资源制作基地、信息交换中心、在线学习管理中心、移动互联信息服务系统等硬件、软件和云存储条件；省级信息化平台重点建设各省资源制作基地、资源传播中心和在线学习中心；县级信息化平台重点建设多媒体资源库、双向卫星远端站、现代化多媒体培训教室、农民田间学校信息服务站等。

五、保障措施

(一)加强组织领导

进一步完善党委政府领导，农业部门牵头，教育、人力资源社会保障、财政等相关部门密切配合的工作机制，形成培育新型职业农民的合力。各级农业部门要把新型职业农民培育放在农业农村经济工作的突出位置，"一把手"抓"第一资源",分管领导要具体抓,明确责任人、制定路线图、确定时间表,层层抓好落实。

(二)加大支持力度

树立人才投资优先理念,建立健全政府主导的多元化投入机制。中央财政继续通过专项补助支持新型职业农民培育工作,各地也要加大投入,提高标准,实行差异化补助。要建立公益性农民培养制度,推动农民职业教育纳入国家职业教育助学政策范畴,鼓励农民通过"半农半读"等方式就地就近接受职业教育。争取发展改革等部门支持,将新型职业农民培育信息化条件建设列入基本建设规划,改善教育培训条件,提升教育培训能力。综合运用项目、信贷、保险、税收等政策工具,引导各类社会力量参与新型职业农民培育工作。

(三)强化督导考核

各地要将新型职业农民培育纳入农业现代化和粮食安全省长责任制、"菜篮子"市长负责制考核指标体系,建立工作督导制度,强化分类指导。制定新型职业农民培育工程项目绩效考核指标体系,建立中央对省、省对市县绩效考评机制,将培育对象的满意度作为考核的重要指标,采用信息化手段开展满意度考核。强化考评结果应用,当年考评结果和下年度任务资金安排直接挂钩。

(四)营造良好氛围

加大对新型职业农民的奖励激励和典型宣传力度,继续开展"全国十佳农民""风鹏行动—新型职业农民""全国农村青年致富带头人""优秀农村实用人才""全国农村创业创新优秀带头人"等评选资助活动,鼓励农业企业等市场主体对新型职业农民提供资助和服务。要及时总结各地的实践探索,形成一批好经验、好典型、好模式,树立发展标杆,充分利用广播、电视、报刊等传统媒体以及网络、微信、微博等新媒体,加大宣传力度,发挥示范带动作用,努力营造全社会关心支持新型职业农民发展的良好氛围。

农业农村部办公厅关于做好
2018年新型职业农民培育工作的通知

(农办科〔2018〕17号)

各省、自治区、直辖市及有关计划单列市农业(农牧、农村经济)厅(局、委),新疆生产建设兵团农业局,黑龙江省农垦总局、广东省农垦总局:

根据《农业农村部、财政部关于做好2018年农业生产发展等项目实施工作的通知》(农财发〔2018〕13号)要求,现就做好2018年新型职业农民培育工作通知如下。

一、准确把握乡村振兴战略新要求,明确新型职业农民培育目标任务

以习近平新时代中国特色社会主义思想为指导,全面贯彻党的十九大精神,按照中央1号文件、中央农村工作会议和全国农业工作会议部署要求,把培育新型职业农民作为强化乡村振兴人才支撑的重要途径,以服务质量兴农、绿色兴农、品牌强农为导向,以满足农民需求为核心,以提升培育质量效能为重点,根据乡村振兴对不同层次人才的需求,通过就地培养、吸引提升等方式,分层分类培育新型职业农民100万人以上,发展壮大一支爱农业、懂技术、善经营的新型职业农民队伍,推动全面建立职业农民制度,带动乡村人口综合素质、生产技能和经营能力进一步提升,促进人才要素在城乡之间双向流动,让农民真正成为有吸引力的职业,让农业成为有奔头的产业,让农村成为安居乐业的美好家园。

二、聚焦乡村振兴人才需求,切实提高新型职业农民培育的针对性、规范性和有效性

2018年中央财政继续支持开展新型职业农民培育工作。各地要结合乡村振兴人才需求实际,依托新型职业农民培育工程重点实施新型农业经营主体带头人轮训、现代青年农场主(农业职业经理人)培养、农村实用人才带头人培训和农业产业精准扶贫培训等四个计划,明确各类型职业农民培育规模,积极争取各级财政部门支持,坚持目标导向、需求导向和问题导向相结合,加强需求调研和内容设置,提升培育针对性,加强过程管理和标准建设,突出培育规范性,加强政策扶持和延伸服务,提高培育有效性。重点抓好以下五个方面工作。

(一)精准遴选培育对象。鼓励以县域为单元,围绕乡村振兴和现代农业发展制定新型职业农民发展规划和培育计划。广泛开展宣传发动和摸底调查,建立新型职业农民培育对象库,组织县域内有意愿、有需求、有基础的农民,登录中国农村远程教育网(www.ngx.net.cn)"新型职业农民培育申报系统"或手机下载"云上智农"APP报名参加培育。重点围绕县域主导和特色产业培育生产经营型职业农民,保障粮食等重要农产品生产;围绕农业企业和农民专业合作社用工需求,培育专业技能型职业农民,提高名特优新品和高质量农产品生产水平;围绕土地托管、农机作业、植保收获等社会化服务,培育专业服务型职业农民;围绕休闲观光、农村电商等新产业新业态,培育创业创新型职业农民。

各地要优先将"农业农村部新型农业经营主体直报系统"中有培训需求的用户列为培育对象(通过平台自动导入新型职业农民培育对象库,并加以标注)。新型农业经营主体带头人、现代青年农场主学员遴选仍按农办科〔2016〕21、22号文件执行。支持有条件的地区按农业职业经理人培训规范(附件1)要求,积极培养农业职业经理人。各地根据产业扶贫总体部署和去年项目实施成效,确定贫困县任务规模,加大对"三区三州"等深度贫困地区支持力度。贫困县产业精准扶贫培训对象由农业部门商扶贫部门确定,主要遴选产业扶贫带头人和有劳动能力的贫困人口。今年在北京、天津、河北、江苏、浙江、安徽、山东、重庆8个省(市)开展农村实用人才带头人示范

培训,对象遴选按农办人〔2018〕15号文件要求落实。

(二)科学确定培育机构。各地要明确标准和程序,科学遴选确定培育机构,统筹利用好农广校、涉农院校、农业科研院所、农技推广机构、农民专业合作社、农业龙头企业等各类资源,健全完善"专门机构+多方资源+市场主体"教育培训体系。充分发挥农民科技教育培训中心等专门机构作用,开展需求调研、培训组织、过程管理和延伸服务等工作。支持鼓励农民专业合作社、农业龙头企业等市场主体参与培育工作,健全完善激励约束机制,采取政府购买服务等方式给予相应补助,鼓励市场主体建设实训基地和农民田间学校等教育培训场所,为职业农民提供各类便捷服务。开展农业职业经理人培训工作的省份要严格遴选培训机构,严把师资和质量关。

(三)创新形式推进分层分类培训。坚持分类施策和因材施教。部省两级重点组织实施青年农场主、农业职业经理人、新型农业经营主体带头人等示范培训和师资培训,市县两级按产业类型组建培训班,统筹开展各类职业农民培训。遵循成人学习特点和农业生产规律,大力推行"一点两线、全程分段、实训服务"培训形式,强化模块化培训,突出职业素养、"三农"新形势、质量安全、绿色发展、信息化手段应用等内容模块,提高培训的灵活性和实用性。各地可按照我部发布的培训标准规范,结合实际制定培训标准规范。鼓励各地开展试点,支持职业农民采取"弹性学制、农学交替"的方式接受中高等职业教育。

(四)强化信息化手段应用。继续推进职业农民培育线上线下融合发展,各地要加快推进全国农业科教云平台的落地对接、推广应用和拓展开发。鼓励开展职业农民在线学习、在线服务试点,支持整县、整市或整省通过政府购买的方式,按培育对象线上学习情况支付在线学习的费用。加强教育培训资源建设,围绕壮大新型经营主体、推进农业绿色发展、保障农产品质量安全、农村生态环保等为职业农民量身打造一批精品课程,开设便捷易学在线课程。积极组织专家、教师和农技服务人员上线服务,探索农业专家和农技推广人员通过在线服务职业农民获取相应的奖励与激励。将"云上智农"APP和"农业农村部新型农业经营主体直报系统"应用纳入培训课程,通过信息化手段推动小农户衔接现代农业,全面提升农民信息化应用水平。今年所有的培训班、培育学员、教师课程安排均要求实现上线可查。

(五)做好队伍管理与延伸服务。因地制宜分类推进职业农民队伍管理,以生产经营型为重点开展认定管理,明确条件和规范程序,支持各地开展分级认定,鼓励农业职业经理人、专业技能型和专业服务型职业农民参加职业技能鉴定。加强职业农民队伍信息统计和入库管理,做到及时更新、动态管理。各级农业部门要积极创设职业农民扶持政策,引导土地流转、产业扶持、人才奖励激励、金融保险等扶持政策向新型职业农民倾斜。组织培训机构和实训基地围绕培育对象生产需求开展全周期跟踪指导和服务,鼓励地方组织职业农民跨省、出国考察交流,支持职业农民成立专业协会或产业联盟,实现抱团发展。

三、狠抓管理机制创新,确保新型职业农民培育工作要求落到实处取得实效

2018年是实施乡村振兴战略的开局之年,狠抓新型职业农民培育各项工作落实,对于促进乡村人才振兴意义重大。各地要强化大局意识和责任意识,抓住实施乡村振兴战略历史契机,夯基础、建制度、强队伍、提效能,推动新型职业农民培育工作迈上新台阶。

(一)强化政策创新。要积极推动将新型职业农民培育纳入地方乡村振兴战略规划,加快探索职业农民制度建设,落实支持政策。各地要在职业农民岗位开发、职业农民培育制度创新、职业农民保障制度建立等方面积极探索,加快出台职业农民制度建设的政策性文件。

(二)做好组织实施。要认真研究制定省级工作方案,细化分解任务,明确工作措施,层层落实责任和要求,继续落实好新型职业农民培育第一课。各省要将工作方案作为省级农业生产发展资金实施方案的内容,按要求报送备案。各农业县也要制定县级新型职业农民培育工作实施方案,明确工作目标任务、主要措施、资金使用,报省农业和财政部门备案。

(三)抓好示范培育。要继续抓好整省、整市、整县示范推进工作,创新体制机制,完善政策措施,为全面建立职业农民制度奠定实践基础。要实施好万名农机大户和农机合作社带头人、万名种粮大户、万名果菜茶种植大

户、万名养殖大户、万名休闲农业与农产品加工人才等培育工作(附件2)。今年继续在环京津28个贫困县实施万名脱贫带头人培育行动,联合全国妇联开展新型职业女农民培育试点工作,试点范围扩大到河北、山西、吉林、内蒙古、江西、河南、广西、重庆、山东、甘肃等10个省(区、市),具体方案另发。

(四)强化基础支撑。夯实新型职业农民培育基础条件,推进全国新型职业农民培育师资库和基地库建设,完善共建共享和考核管理机制,继续认定一批全国新型职业农民培育示范基地,各地也要打造一批示范基地,遴选推介一批高水平名师,培训任务要优先向示范基地倾斜,要优先聘请优秀教师授课。按照统分结合、择优选用的原则,建设高质量通用教材和区域教材,职业素养、现代农业生产经营、大国三农等公共基础课优先选用部省规划教材。加快精品课程建设,开发一批优质网络课程。

(五)加强绩效考评。以培育对象满意度为核心指标,以第三方考核为主要方式,按照《全国新型职业农民培育工作绩效考核指标体系(试行)》(附件3)对各地新型职业农民培育工作进行全面绩效考核,考核结果将与粮食安全省长责任制中新型职业农民培育考核以及下一年度评优奖励挂钩。依托全国农业科教云平台和"云上智农"APP,对所有培育班次的培训教师、培训基地、培训班组织和培训效果实行线上考核。

(六)加大宣传引导。要及时总结各地的探索与实践,形成一批好经验、好典型、好模式,树立发展标杆,充分利用广播、电视、报刊等传统媒体以及网络、微信、微博等新媒体,加大宣传力度。各地要结合全国百名杰出新型职业农民遴选资助活动,多渠道多形式遴选宣传一批先进典型,营造良好氛围。各省级农业主管部门要及时总结新型职业农民培育工作经验和成效,形成年度工作总结报告,于2018年12月底前报送农业农村部科技教育司。

附件:1. 农业职业经理人培训规范
      2. 分行业新型职业农民万名示范培育实施方案
      3. 全国新型职业农民培育工作绩效考核指标体系(试行)

农业农村部办公厅
2018年6月11日

附件1

农业职业经理人培训规范

为进一步做好农业职业经理人培训工作,规范培训管理,依据《农业职业经理人行业职业标准》,制定此规范。

1. 范围

本规范规定了农业职业经理人培训对象、培训目标、培训内容和要求、培训机构、培训讲师、培训管理、学员考核评价与颁证等方面的内容。

2. 培训对象

年龄在25~55周岁,高中(中专)及以上学历,具有农业行业专业知识和经营管理经验的人员。

3. 培训目标

激发培训对象职业自豪感和使命感,促进其职业道德、职业素养的自我养成,积累企业经营管理知识储备,提升涉农经济组织经营管理能力,促进涉农经济组织发展,提高就业能力。

4. 培训内容及基本能力要求

4.1 培训内容

序号	培训模块	培训课程安排	参考课时
1	农业职业经理人基础	1. 农业行业现状与未来发展趋势 2. 农业职业经理人职业道德 3. 互联网+农业	6
2	法律知识与责任	1. 涉农经济组织的相关法律 2. 涉农经济组织责任	10
3	市场营销	1. 市场调研与信息处理 2. 市场营销计划 3. 农产品销售预测 4. 农产品销售渠道和销售模式	24

续表

序号	培训模块	培训课程安排	参考课时
4	生产管理	1.农村土地流转政策与操作 2.农业生产基地评价、选择和建设 3.农业生产流程开发 4.农业生产标准化实施 5.农产品质量管理	8
5	人与生产力管理	1.企业岗位设置 2.员工招聘 3.员工培训和人才培养	10
6	采购与库存管理	1.采购 2.库存管理	8
7	财务管理	1.涉农经济组织成本构成 2.农产品直接和间接成本	12
8	目标管理	1.工作目标和工作计划制订 2.目标任务分解与资源分配 3.计划执行监督管理 4.会务组织管理 5.商务谈判 6.外部关系组织与协调	30
9	实训模拟	沙盘演练(一)部门设置与生产经营 沙盘演练(二)农业产品供给与市场需求分析 沙盘演练(三)农产品市场营销	12
合计学时			120

4.2 基本能力要求

4.2.1 农业职业经理人基本素养

了解农业行业现状和未来发展趋势,明白农业职业经理人组织定位和作用,培养职业道德,提升职业素养。

4.2.2 涉农相关法律与组织责任

了解涉农相关法律的基本内容和实际运用,知道涉农经济组织承担的法律责任与社会责任,具备保护组织利益、维护员工合法权益的能力。

4.2.3 市场营销

了解涉农行业市场特点,掌握涉农行业市场规律,能够组织开展涉农经济组织市场调查,指导业务部门制订市场营销计划和市场预测。

4.2.4 生产管理

了解农村土地流转基本程序,掌握农业生产基地评价的要素和方法,能够根据组织实际开发生产工作流程,组织产品生产,熟悉农产品质量控制环节,具备农产品质量管理能力。

4.2.5 人力资源管理

了解涉农经济组织经营特点,根据实际合理设置部门、岗位,能根据岗位需求进行员工招聘,能组织开展员工入职或技能提升培训,注重人才培养。

4.2.6 采购与库存管理

了解农产品采购与库存管理的原则、方法及风险防控,掌握采购与库存管理工具与流程。

4.2.7 财务管理

了解农产品成本的概念及分类,能区分农产品直接和间接成本,掌握农业行业成本核算方法。

4.2.8 目标管理

了解目标管理相关知识,掌握工作目标和计划编制、评价方法,能够制订组织工作目标和工作计划,对组织工作计划、会务进行目标管理。

4.2.9 实训模拟

通过沙盘演练,让学员模拟涉农企业的内部管理和生产经营,根据情景,应对市场需求变化,合理分配有限资源,通过组建高效团队和内部机构设置,有效开展市场营销,从而获得真实经营管理感悟,完成理论知识能力转化,提高其实际经营管理能力。

5. 培训机构

具有独立法人资格,从事涉农经济组织经营管理培训、咨询和顾问服务等相关业务5年以上的涉农办学实体,具备下列条件,自主申请并经省级农业行政主管部门审核批准。

(1)管理人员具有大学本科以上学历,2年以上的涉农培训经历或丰富的涉农培训经验;具有较高的职业意识和理论素养。

(2)应具备4名以上熟悉培训方法并有较高专业水平的专职或兼职骨干教师。

(3)教学设施和教学设备能满足理论教学和模拟实训需求。

(4)教学场所能满足农业职业经理人理论教学和技能模拟实训的需求。

(5)有供培训对象进行见习的经营实训基地(可以共建)。

6. 培训讲师

农业职业经理人培训讲师原则上应参加农业职业经理人师资培训或农业创业师资培训,并获得相应证书。农业职业经理人培训讲师应具备以下基本条件:

(1)遵守中华人民共和国宪法和法律,遵守职业道德,热爱农业,具有强烈社会责任感。

(2)具有丰富现代农业管理知识和实践经验,具备中级及以上专业技术职称。

(3)熟悉成人教育规律,有涉农培训经验和较强的教学组织能力。

(4)能运用视觉及实物教具教学,增强教学效果。

(5)能运用参与性教学方法,提高学员参与度。

(6)能运用模拟场景教学,营造经营管理的真实感。

7. 培训管理

7.1 班级组织

每期农业职业经理人培训班不超过50人,组织方指定专人担任班主任或辅导员,具体负责班级的组织和管理工作。

7.2 培训形式

农业职业经理人培训可以通过课堂教学、模拟教学、现场教学、线上教学相结合的形式进行,总学时数不得低于120学时。

7.2.1 课堂教学形式

课堂教学形式分为集中授课和讨论交流两种。

7.2.2 模拟教学形式

通过沙盘模拟演练,让学员能切身感受到农业市场的存在,根据情景,应对市场需求变化,从而获得真实经营管理感悟,真正提高其实际经营管理能力。

7.2.3 现场教学形式

现场教学要制订出明确的教学目标,结合教学要求做好充足准备,突出教师为主导,学员为主体,重视现场指导,就课堂上学习的涉农经济组织管理理论,到现代农业园区、农业企业、现代家庭农场等相关场所去获得真实感受,取得新感悟,通过讨论获得整体提升,每位学员要提交学习总结。现场教学时间不超过20学时。

7.2.4 线上教学形式

具备条件的可以安排培训微课和在线练习,实现学员网络在线学习和自我测评。

7.3 培训档案

7.3.1 建立培训对象学习档案,作为培训机构、管理机构和有关部门查询、检查和评估的依据。

7.3.2 档案采用计算机和文字管理两种方式,存档期为10年。

8. 学员考核评价及颁证

8.1 评价内容与方法

培训对象考核内容包括学习过程评价、结业考试和演练考核3个方面。

(1)过程评价。在培训全程中,培训机构根据学员出勤情况、遵守纪律情况、课堂学习互动表现、交流研讨发言情况进行评价。

(2)结业考试。培训结束后,组织学员参加理论试卷和案例分析考试。

(3)演练考核。演练考核由综合评委会考核,评委会由3个以上相关专业人员组成,在符合条件的模拟功能场所进行考核。综合评委会通过学员模拟涉农行业市场调查、农业生产经营,应对市场需求变化、资源分配、团队组建、内部机构设置、市场有效组合等方面打分。

8.2 颁证

对考评合格的学员,颁发农业职业经理人培训合格证书,记载培训时间、培训内容(课程)、学时数、考试考核结果等。符合《农业职业经理人行业职业标准》要求的,经鉴定机构考核合格,颁发农业职业经理人等级证书。

9. 参考经费

根据对相关省已开展工作的调研情况,以及实施培训规范的实际测算,完成农业职业经理人培训的全部内容需要培训经费在1万元左右,各地可根据实际情况参照执行。

附件2

分行业新型职业农民万名示范培育实施方案

为强化引领示范作用,推进新型职业农民培育深入实施,2018年依托新型职业农民培育工程,在全国范围内,分行业开展新型职业农民万名示范培育工作(任务分配见本篇文末,各地可结合实际确定具体培训数量)。具体实施方案如下。

一、万名农机大户和农机合作社带头人示范培育

万名农机大户和农机合作社带头人示范培育以具有一定文化基础和学习能力的农机大户和农机合作社带头人(包括业务骨干)为培育对象,向贫困县、全程机械化示范县、"三区三园"倾斜,全国培训不少于1万人。按照《农业部农业机械化管理司关于印发〈农机合作社带头人培训大纲〉的通知》(农机管〔2017〕28号)要求,安排培训内容和课程。各级农机化主管部门会同科教部门因地制宜,结合当地实际遴选参训对象,将参训对象纳入新型职业农民培育工程培训计划。为增强培训效果,鼓励有条件的地方农机化主管部门结合农机化专业特点,统一组织开设针对性较强的班次。充分发挥农机职业技能培训和鉴定示范基地在人才培养方面的作用,支持具备条件的农机企业、经销商、院校、合作社等取得培训资格,承担培训任务,增强农机大户和农机合作社带头人培训的专业性和实用性。

二、万名种粮大户示范培育

万名种粮大户示范培育以主业为粮食生产的种植大户、家庭农场主、农民合作社骨干为培育对象,按照主产省每省培训500人,非主产省每省培训150~200人进行分配,全年共培训种粮大户1万人。适应可持续发展的需要,把"绿色发展理念"的内涵和要求贯穿于培训全过程。培训内容主要包括:一是良种良法配套。根据不同区域、不同作物和生产需求,围绕科学选用品种、配套栽培技术开展培训,发挥良种良法的增产增效潜力。二是农机

农艺融合。以全程机械化为目标,培训新农机、新农具应用及操作技术,提升粮食生产全程机械化水平,促进农机农艺深度融合。三是绿色防控技术。培训物理防治、生物防治等病虫害绿色防控技术,减少化肥、农药施用量,实现高产优质与环境友好相统一。四是信息技术应用。培训精准施肥施药、高效节水灌溉、农业物联网应用等技术,加快实现粮食生产智能化、精准化管理。培训采取专家授课、互动交流、基地实训、网上培训、现场观摩等多种方式,切实提高培训效果,合格者颁发结业证书。

三、万名果菜茶种植大户示范培育

万名果菜茶种植大户示范培育以直接从事蔬菜、水果、茶叶栽培、初加工、技术指导的合作社负责人、家庭农场主、种植大户为培育对象,2018年,按照面积因素法将培训指标分配到省,全年培训果菜茶种植大户1万人。围绕蔬菜、水果、茶叶全程绿色标准化生产开展培训,主要包括:一是标准化建园技术,科学选择优良品种,提高蔬菜、水果、茶叶生产基地建设水平。二是土肥水高效利用技术,培训测土配方施肥、有机肥替代化肥、水肥一体化技术,减少化肥用量,提高肥水利用效率。三是绿色防控技术,培训物理防治、生物防治和生态调控等技术,推广科学用药,减少化学农药施用。四是采后处理技术,培训水果、蔬菜预冷、分级、包装等技术,减少采后损失,提高产品附加值。五是基地管理技术,培训合作社管理、订单生产、品牌申请、产品销售等常规管理内容。培训采取课时制,采用课堂培训、基地实训、在线培训、考察参观、座谈交流等多种方式进行,合格者颁发结业证书。

四、万名养殖大户示范培育

(一)新型职业渔民示范培育。万名新型职业渔民示范培育以水产养殖大户和稻田综合种养大户为培育对象,2018年各类新型职业渔民培育任务见附件。培训主要包括宏观经济形势及产业发展分析预判、渔业产业融合发展理论与实践、市场营销及品牌管理、相关渔业法律法规普及等内容。培训采取课堂教学(就单项专业知识、职业技能进行培训)、巡回讲座(邀请有关领域的专家、学者及优秀管理人员开设专题讲座)、典型示范(邀请成功典型进行案例教学)、现场指导(由当地渔业局、水产推广站等单位牵头,安排培训人员深入生产一线,进行现场指导观摩)等方式。培训合格率达到90%

以上,对培训合格者颁发《新型职业渔民培训证书》。

(二)畜牧养殖大户示范培育。畜牧养殖大户示范培育可参照以下3种类型,结合实际自主选择开展培训。一是奶牛养殖和牛场管理培训。以奶牛场场长、技术人员、关键岗位(TMR制作、挤奶员、母子一体化)操作人员为培育对象,培养奶牛养殖业现代化的管理技术人员和高素质产业工人,提升管理经营理念和劳动效率,提高产业竞争力。培训范围主要针对我国奶牛养殖业的主产省份(具体任务见本篇文末),其他省份可参照实施。培训内容包括奶牛场管理提质增效技术、精准营养和饲料资源高效利用技术、犊牛培育技术、乳成分调控技术、奶牛选种选配、牧场疫病防控技术、奶牛高效繁殖技术、奶牛福利管理和环境控制技术、牛场信息化智能化技术、牛场粪污资源化利用技术,以及牛场SOP标准化操作流程等。由培训执行单位组织行业、产业专家编写配套的成熟技术、标准化操作培训教材和推广材料。采用理论、示范相结合的培训方式。理论培训采用专家集中授课方式;示范培训采取两种模式,一是专家在牛场一线现场示范牛场诊断评估和标准化操作,二是推行工匠培训,依托先进示范牛场建立培训基地,选派牛场人员到示范牛场进行长期实践锻炼。建立培训后续跟踪措施,持续跟踪培训效果。二是优质饲草料种植技术培训。以奶牛养殖户、万亩苜蓿田种植户、奶牛场苜蓿种植户、牧草企业及其他牧草生产和利用者为培育对象,提高种植户应用苜蓿、饲用黑麦、小黑麦、高丹草、杂交狼尾草等牧草种植、收获及储藏技术水平,帮助更多种植户脱贫致富,促进牧草产业发展。各主产省拟培训人数见附件。培训内容主要包括苜蓿、饲用黑麦、小黑麦、高丹草、杂交狼尾草等牧草的高效种植技术,优质牧草种植、收获及贮藏技术,草地病虫害草害识别与防控技术,人工草地建植与利用技术,南方草山草坡保护与开发利用技术。培训采取田间观摩会、现场演示会、专家报告及现场答疑等方式。三是畜禽规模养殖场管理技术培训。以畜禽规模养殖场负责人及技术人员为培育对象,人数由各省根据实际需求确定。培训内容包括标准化、现代化畜禽养殖技术,畜禽粪污资源化利用技术。培训方式为现场培训会。

五、万名休闲农业和乡村旅游以及农产品加工人才示范培育

万名休闲农业和乡村旅游以及农产品加工人才示范培育以休闲农业和

乡村旅游管理服务人员以及农产品初加工人员为主,在规划设计、经营管理、创意文化、实用技术等方面,分类、分层开展相关培训,使行业人才队伍规模不断壮大,从业人员素质大幅提高,各类人才服务休闲农业和乡村旅游提升发展以及农产品加工能力明显提高,产业发展智力支撑能力进一步增强。2018年,拟完成全国休闲农业和乡村旅游以及农产品加工等人才1万人的培训目标。

2018年分行业新型职业农民万名示范培育任务分配参考表

序号	省区市	农机大户和农机合作社带头人(人)	种粮大户(人)	果菜茶种植大户(人)	养殖大户(人) 职业渔民	养殖大户(人) 畜牧养殖大户	休闲农业和乡村旅游以及农产品加工人才(人)
1	北京			150	50		100
2	天津	100	150	150	50	50	200
3	河北	300	500	500	100	300	500
4	山西	300	200	160	100	100	100
5	内蒙古	100	600	200	50	300	200
6	辽宁	200	500		150	100	200
7	大连				150	50	100
8	吉林	200	500	200	50	100	400
9	黑龙江	300	600	200	100	400	300
10	上海		50	150	50		200
11	江苏	2250	500	420	200	200	500
12	浙江	200	200	300	200	100	500
13	宁波				150		100
14	安徽	500	500	320	150	300	
15	福建	50	200	400	200	100	500
16	江西	200	500	300	150	100	200
17	山东	1800	600	500	300	300	500
18	青岛	100			150	50	100

续表

序号	省区市	农机大户和农机合作社带头人(人)	种粮大户(人)	果菜茶种植大户(人)	养殖大户(人) 职业渔民	养殖大户(人) 畜牧养殖大户	休闲农业和乡村旅游以及农产品加工人才(人)
19	河南	500	500	500	100	300	300
20	湖北	300	500	520	200	200	500
21	湖南	400	500	500	200	200	500
22	广东	200	200	500	200	100	300
23	广西	300	200	500	150	100	300
24	海南	50	200	110	150	100	650
25	重庆	350	200	280	50	100	300
26	四川	400	600	500	100	200	400
27	贵州	100	200	500	100	200	300
28	云南	50	200	500	150	200	600
29	西藏			100	100		50	50
30	陕西	300	200	500	50	200	150
31	甘肃		200	270	50	600	150
32	青海	50	200	100	50	500	100
33	宁夏	200	200	150	50	200	100
34	新疆	200	200	320	50	300	100
合计		10000	10000	10000	4000	6000	10000

附件3

全国新型职业农民培育工作绩效考核指标体系（试行）

一级指标	二级指标	分值	考核内容及评分标准	考核依据	考核得分
一、工作落实(50分)	1.工作方案	8	在省级农业发展资金方案中，能思路清晰、内容全面地表述新型职业农民培育工作的得8分，方案不全面、不规范、存在问题的扣分，扣完为止	方案	
	2.工作部署	10	召开专题会议部署相关工作、细化工作要求，满分4分；省级有明确分类、分级、分层培训要求得3分；省、市、县分类分级开展培训得3分	会议通知、材料、文件、台账等	
	3.制度体系建设	12	以省委省政府名义出台了专门文件或规划(含往年出台的)得1.5分；新型职业农民培育工作纳入本省乡村振兴战略规划或其他规划得0.5分；省级建立"教育培训、规范管理、政策扶持"三位一体的制度体系得2分；省级建立"一主多元"教育培训体系得2分；建立各类资源有序参与培育机制得2分；明确认定工作要求得2分；按项目示范县统计，全部开展认定工作并将认定人员入库得2分，否则按比例扣分，扣满2分为止	文件、材料、数据库	
	4.工作创新	10	在培育机制模式、信息化建设、跟踪服务、政策扶持、搭建交流平台等方面有重大突破和创新的，每项得2分，得满为止	文件、领导讲话、总结材料等	

续表

一级指标	二级指标	分值	考核内容及评分标准	考核依据	考核得分
二、工作效果(50分)	5.基础工作	10	合理遴选培训机构,得2分;分层、分类建设实训基地、创业孵化基地、农民田间学校等基地,得2分;规范教材选用程序,优先选用部省规划教材,得2分;加强师资队伍建设,积极开展师资登记入库,得2分;按要求报送相关材料,按时报送得2分,未及时报送的,酌情扣分	数据库、台账、文件、资料、报送时间	
	6.信息查询	10	通过全国农业科教云平台、"云上智农"APP可查询在线组班、授课教师、课程设置、选用的基地及学员评价情况,每可查一项得2分,最高得10分	数据库	
	7.满意度评价	25	通过全国农业科教云平台、"云上智农"APP完成在线评价的学员比例在80%以上得10分,学员综合满意度(学员对培训效果、组织管理、师资、基地等评价打分的均值)在80%以上得15分。未达到的按比例扣分,每少10%,扣2分	数据库	
	8.宣传工作	15	在中央主要媒体刊播综合性报道1篇(条)得5分,简讯类1篇(条)得1分,在省报头版头条刊发或省级新闻联播播出综合性报道1篇(条)得2分,简讯类1篇(条)得0.5分。在农业农村部网站或司局简报刊载1篇得0.5分,在中国农村远程教育网站等发布综合性报道2篇得0.5分,得满5分为止	文件、截图、出版物等证明材料等	

续表

一级指标	二级指标	分值	考核内容及评分标准	考核依据	考核得分
三、加分、扣分和一票否决	9.社会影响	5	本年度内,省委书记、省长批示、专门讲话或参加活动的得2分;分管省领导批示、专门讲话或参加活动的得1分;农业厅厅长专门批示、讲话得0.5分;因新型职业农民培育工作受到国务院表彰得1分;部委、省委省政府表扬得0.5分;部委司局、省直部门表扬或作为典型经验进行交流得0.5分;本年度承担全国性会议、论坛等活动得1分。累计得满为止	文件、证明材料等	
	10.加分项	4	通过全国农业科教云平台、"云上智农"APP完成在线评价的学员比例超过90%的,按比例加分,加满2分为止;学员综合满意度(学员对班级组织、师资、基地等评价的均值)超过90%的,按比例加分,加满2分为止	数据库	
	11.未完成任务		未完成农业生产发展资金文件清单中涉及的任务的,按比例扣分,每少完成10%扣1分	数据库	
	12.违规违纪		存在违规违纪行为,群众举报或新闻媒体曝光经查实的,每起扣10分;出现性质恶劣、影响较大,严重损害工程项目社会形象的事件,实行一票否决,总体评分为0	报纸、视频、截屏等	
最终得分					

注:粮食安全省长责任制"新型职业农民培育指标"考核时,将依据本表考核结果确定。

职业烟农培育标准

（试行）

1. 范围

本标准规定了职业烟农的准入条件、分级标准、评定和管理等。

本标准适用于全国烟草行业职业烟农评定工作。

2. 术语和定义

下列术语和定义适用于本文件。

2.1 职业烟农

职业烟农是指在适度规模种植基础上逐步发展形成的新型烟叶生产经营主体，将烟叶生产作为产业进行经营，以烟叶经营收入为家庭经济主要来源，有文化、懂技术、会经营、善管理、守诚信的农户。

2.2 等级

职业烟农分为初级、中级、高级三个级别，级别根据评定标准来判定。

2.3 准入条件

烟农申报职业烟农评定必须具备的基本条件，包括种烟年限、种烟收入、种植规模、种植水平、信用要求五个方面内容。

2.4 分级标准

按文化水平、合同履行、技术水平、经营管理、学习培训等五项指标设置职业烟农分级标准。

3. 准入条件

申报职业烟农原则上应同时具备以下准入条件：

3.1 种烟年限

连续种植烟叶3年以上。

3.2 种烟收入

以烟叶种植为家庭主要产业,种烟收入占家庭收入60%以上。

3.3 种植规模

近3年平均种植面积高于本地平均水平(各产区可根据培育目标对种植规模要求进行调整)。

3.4 种植水平

能够按照烟叶种植收购合同和当地生产技术标准要求,落实生产技术措施,认同现代烟草农业发展理念,积极参与、主动接受专业化服务。

3.5 信用要求

遵守烟草专卖法律法规,严格履行烟叶种植收购合同,自觉维护烟叶收购秩序。

4. 分级标准

4.1 评分标准

职业烟农评分标准表

评定指标		分值	评分标准
文化水平(5分)		5	高中(中专)及以上水平得5分,初中水平得4分,小学水平得3分,其他情况不得分
合同履行(20分)	数量完成情况	10	合同约定数量完成率95%(含)以上得10分,完成率90%(含)以上得8分,完成率85%(含)以上得6分,完成率低于85%不得分
	结构完成情况	10	合同约定结构完成率95%(含)以上得10分,完成率90%(含)以上得8分,完成率85%(含)以上得6分,完成率低于85%不得分

续表

评定指标		分值	评分标准
生产水平（30分）	生产技术落实率	10	生产技术落实率90%（含）以上得10分，落实率85%（含）以上得8分，落实率80%（含）以上得6分，完成率低于80%不得分
	亩产值	10	亩产值高于当地平均水平10%（含）以上得10分，高于5%（含）以上得8分，高于平均水平得6分，低于平均水平不得分
	上等烟比例	10	上等烟比例高于当地平均水平10%（含）以上得10分，高于5%（含）以上得8分，高于平均水平得6分，低于平均水平不得分
经营管理（30分）	连续种烟	7	连续种烟8年（含）以上得7分，5年（含）以上得6分，3年（含）以上得6分，3年以下不得分
	规模化种植	7	合同约定种植面积高于当地平均水平40%（含）以上得7分，高于20%（含）以上得6分，高于平均水平得4分，低于平均水平不得分
	接受专业化服务	7	接受专业化服务4项（含）以上得7分，接受3项得6分，接受2项得4分，低于2项不得分
	加入合作社	3	加入合作社得3分，不加入不得分
	参与专业化服务	3	参与专业化服务得3分，不参与不得分
	参与多元化经营	3	参与多元化经营得3分，不参与不得分
学习培训（15分）	参训率	10	参训率95%（含）以上得10分，参训率90%（含）以上得8分，完成率80%（含）以上得6分，完成率低于85%不得分
	网络学习（微课门数）	5	学习完成网络微课21门（含）以上得5分，11~20门得4分，1~10门得3分，未学习不得分
合计		100	

编辑注："（含）"表示数据范围包括括号前的数字，本文件同。

4.2 等级评定

4.2.1 对初次参评的烟农,各产区根据实际情况组织培训学习,测试合格后方可参与评定。

4.2.2 符合准入条件的烟农评定分数达到60分以上(含)取得职业烟农资格。

4.2.3 根据评定分数从高到低按比例评定为高、中、低三个等级,首次评定高级不超过10%、中级不超过30%。

5.评定流程

5.1 组织

市(州)公司根据本标准制定职业烟农培育实施方案,县级分公司负责具体实施,烟叶站负责向烟农宣传职业烟农培育相关政策。

5.2 申报

由烟农自愿申请职业烟农评定,烟叶工作站核实、汇总。

5.3 审核

烟叶工作站根据准入条件,对申报的烟农进行初审,初审合格后提交上级公司复审。

5.4 评定

县级分公司按照分级评定标准,对审核合格的烟农和原职业烟农进行评定。

5.5 公示

县级分公司将拟评定的职业烟农名单、等级,在相关村、镇或烟站公示5天;对有异议的,及时进行调查处理。

5.6 建档

按照"一户一档"的要求,对职业烟农培育实施痕迹化管理。

6.动态管理

6.1 职业烟农评定每年进行1次。

6.2 上年度已评定为职业烟农的参与本年度评定,不需要再进行申请。

6.3 有下列情形之一的,取消职业烟农资格和应享受的扶持政策。

6.3.1 自愿申请并获准退出的。

6.3.2 不再签订种烟合同的。

6.3.3 套购倒卖烟用物资、倒买倒卖烟叶、不按指定地点交售烟叶的。

6.3.4 不遵守烟叶生产相关制度和收购秩序的。

6.3.5 故意破坏烟叶生产基础设施的。

6.3.6 国家或行业政策发生重大变化,不允许继续执行的。

6.3.7 其他违反国家烟草专卖法律法规和行业相关规定的。

7. 学习培训

7.1 培训组织

市(州)公司作为培训的实施主体,组建烟叶生产、农业经营方面的优秀师资团队开展培训,师资力量不足的单位可参与第三方机构合作。

7.2 培训内容

从理论和实操两个方面开展培训,内容主要包括政策法规、专业技术、经营管理、网络知识等方面。

7.3 培训方式

主要采取线上线下、内训推广、实时辅导、技能比武等方式。

8. 激励政策

8.1 种植计划

在尊重烟农意愿、充分考虑适度规模种植的基础上,优先满足职业烟农的烟叶种植计划需求。

8.2 生产投入

在生产投入总额不变的情况下,产区可按职业烟农不同级别,适度调增生产投入标准。原则上职业烟农补贴增幅控制在当地非职业烟农平均生产投入补贴的10%~20%。

8.3 专业化服务

协调专业合作社优先满足职业烟农专业服务需求。

8.4 土地流转

可对职业烟农土地流转给予适当补贴。

8.5 种植保险

可按级别享受减少或减免烟叶种植保险参保费用。

8.6 其他

积极争取将职业烟农培育纳入职业农民培育范畴，整合各渠道培育资金资源，加大对职业烟农政策支持力度。

9. 附则

本办法由中国烟草总公司负责解释，自印发之日起施行。

2018年12月

后 记

在中国烟叶公司各位领导的关心指导下,在云南、贵州、湖南、四川、山东、安徽、陕西等烟叶产区同仁的大力支持下,通过全体编委会成员的辛勤努力,《职业烟农培育理论与实践》一书终于出版了。本书作为中国烟叶公司2015年度技改项目"职业烟农分类标准、培育机制及评定办法研究"研究成果之一,旨在充分吸收借鉴国内外职业农民培育理论、培育模式、政策措施、机制路径方面的先进经验,结合我国职业烟农培育的发展现状、典型案例,深入剖析我国职业烟农培育的制约因素、发展瓶颈、对策措施与发展路径,从而为广大烟叶工作者和现代烟草农业管理人员在面临实际操作困境时,提供可资借鉴的依据。

站在巨人的肩膀上,才能放眼长远。职业农民的培育,在发达国家已经历经了数百年的历程,积累了大量理论研究、体制机制、发展路径、政策体系、培育模式、比较分析的理论文献,成书过程中或引用、或借鉴、或参考了不少国外学者直接发表的文献或国内学者研究综述的文献。职业农民培育尽管在我国起步较晚、进度较慢,但不少学者也进行了有针对性的研究,成书过程中同样借鉴了不少国内学者的研究成果。职业烟农的培育在我国各大烟叶产区已经轰轰烈烈地开展,不少烟草同仁们针对评价体系构建、评价指标甄别、分类标准设定、政策措施引导、动态管理评价等进行了研究,成书过程中直接引用了研究成果或部分产区工作报告、调研报告中的内容。正是这些理论研究、实践总结和宝贵经验,才有了本书的出版,在此表示真诚的感谢!

  本书出版过程中,得到了中国烟叶公司领导的高度重视,陈江华总经理亲自为本书撰写序言。各烟叶产区为本书编写给予了大力支持,提供了大量第一手基础素材和典型案例。全书编写人员历时多年的艰辛付出,精心组稿,数易其稿,几经审稿,最终促成了本书的顺利出版。在此,对各级领导和所有为此书出版做出贡献的人员,一并表示真心感谢。同时,由于时间仓促及受作者研究和认识水平所限,书中存在的错误与不当之处在所难免,恳请广大读者批评指正。

编者
2019年11月于重庆

参考文献

[1] 纪文婷,夏金星.国外职业农民培育对我国的启示[J].长沙民政职业技术学院学报,2014,21(2):87-90.

[2] 杨阳.国内外有关农民职业化的研究综述[J].科教导刊,2014(6):114.

[3] 程伟,张红.国内有关职业农民研究的综述[J].职业技术教育,2012(22):67-70.

[4] 李俏,李辉.新型职业农民培育:理念、机制与路径[J].理论导刊,2013(9):81-83.

[5] 倪慧,万宝方,龚春明.新型职业农民培育国际经验及中国实践研究[J].世界农业,2013(3):134-137.

[6] 蔡云凤,闫志利.中外新型职业农民培育模式比较研究[J].教育探索,2014(3):154-155.

[7] 李逸波,张亮,赵邦宏,等.中日比较视角下的日本职业农民培育体系研究与借鉴[J].世界农业,2016(5):186-193.

[8] 赵艳艳,姚秋菊,原玉香,等.推动新型职业农民培育的思考与实践[J].农业科技管理,2015(2):59-61,88.

[9] 李逸波,周瑾,赵邦宏,等.金砖国家职业农民培育的经验[J].世界农业,2015(1):173-176.

[10] 刘燕,王伟哲,高玉峰.基于KSAIBs的新型职业农民培育标准研究[J].河北科技师范学院学报(社会科学版),2015(2):34-38.

[11] 戴孝悌,陈红英.职业农民培育理论研究述评[J].安徽农业科学,2012(34):16952-16954.

[12] 周一波,储健.培养新型职业农民的途径及政策保障[J].江苏农业科学,2012(12):403-405.

[13]陈琳,刘文丽,曾尚梅,等.烟区烟农土地流转行为及影响因素研究——基于湖南省10个烟区194户烟农的调查[J].广东农业科学,2015(19):187-192.

[14]黄晓东,周义和,刘相甫,等.论职业烟农的培育[J].中国烟草学报,2015(B12):77-80.

[15]曾智,冉伟,张永坤.现代烟草农业视域下烟农素质调查——来自重庆市的调查[J].重庆与世界,2011(12):40-44.

[16]曹红祥,崔志军,臧传江,等.潍坊烟区职业烟农队伍建设的探索与思考[J].中国烟草科学,2016(2):71-76.

[17]周米良,刘锦芳,田茂成,等.湘西地区烟农评价体系的构建探析[J].湖南农业科学,2016(6):116-118.

[18]刘杨,伍仁军,侯留记,等.四川省职业烟农培育初探[J].四川农业科技,2015(9):70-71.

[19]谭子笛,侯军,苟剑渝,等.贵州正安烟农状况与现代职业烟农队伍建设[J].贵州农业科学,2014(9):262-264.

[20]张强.关于培育职业烟农的思考与建议[J].科技视界,2014(35).